TRILOGIE MORALE

TROISIÈME PARTIE

LE POÈME ASTRONOMIQUE

AVEC FIGURES ASTRONOMIQUES

EXTRAIT DE NOS

NOTIONS D'ASTRONOMIE, ETC.

PAR

AUGUSTIN BABIN

Il existe, Lecteurs, dans l'univers sans fin,
En nombre innombrable divers mondes humains.
A. B.

DEUXIÈME ÉDITION

PARIS

VOIR LA PAGE III DE CETTE TRILOGIE MORALE

1881

INVOCATION

O mon DIEU, avec une humilité extrême
J'entreprends de faire paraître ce Poème,
Dans le but d'obéir à votre loi sacrée,
Qui nous recommande le devoir avéré
D'agir envers autrui, comme nous désirons
Qu'on agisse avec nous, en droit et en raison,
Et puis de nous aimer tous comme de vrais frères,
Puis qu'enfin pour nous tous Vous êtes nôtre Père,
Notre unique soutien et Seul *Consolateur,*
De toute chose étant le Seul *Dispensateur.*
Loi adorable que plusieurs de vos enfants,
Tous, Esprits supérieurs et nos frères aînés,
Sont venus enseigner à notre humanité
Pour la régénérer, tout en la transformant.
Ne pouvant rien sans Vous, soutenez-moi, SEIGNEUR.
Dans mon très humble et puis difficile labeur;
Afin qu'il puisse être de quelque utilité
A tous mes semblables, mes frères bien-aimés,
Auxquels je désire, certes de tout mon cœur
Et de toute mon âme, offrir un humble écrit
Capable de pouvoir donner à leur esprit,
Le grand désir et puis le suprême bonheur
De chercher à Vous plaire et jamais Vous déplaire.
Car Vous Seul, *ô mon DIEU, pouvez nous satisfaire*

En nous donnant à tous gloire et félicité,
Lorsque dans cette vie nous l'avons mérité.
Que votre volonté s'accomplisse, ô mon DIEU,
C'est, certes, avant tout, le plus grand de mes vœux,
Par humble soumission et toute humilité,
Et pour le vrai bonheur de notre humanité.

AVIS A NOS LECTEURS (1)

Sur trois *innovations* poétiques admises dans ce Poème.

CHERS LECTEURS,

Ce qui nous a engagé à entreprendre la composition du présent Poème, ce sont les trois *innovations* suivantes, que nous avons admises dans les *règles de la poésie*, comme étant tout à fait *rationnelles* et *sensées*, du moment qu'elles facilitent énormément toutes productions poétiques quelconques ; sans nuire cependant, en aucune manière, à sa *cadence* et à son *harmonie*. Ces trois *innovations* sont les suivantes :

1° Concernant l'*hiatus*, nous ferons remarquer que celui qu'on emploie dans le discours, sans nuire à la pureté de la langue dans laquelle on parle, doit sensément être permis. Ainsi, par exemple, dans le distique suivant :

Femme qui a beauté sans être charitable,
N'est belle qu'à moitié et n'est jamais aimable.

---

(1). Cet avis est exactement le même que celui de notre *Poème psychologique*. Si nous le répétons ici, c'est parce que les observations qu'il contient sont également absolument indispensables, pour expliquer le motif qui nous a engagé a composer ce *Poème astronomique*.

le premier est défectueux, tandis que le second est supportable, voire même très acceptable (1).

2° Quant à faire *rimer* un singulier avec un pluriel, sans blesser l'oreille, cette *innovation* nous paraît également *rationnelle* et *sensée*, et doit forcément être acceptée, dans le but de rendre la *poésie* beaucoup plus facile; du moment surtout (nous le répétons) que cela ne nuit aucunement à la *cadence* et à l'*harmonie* des vers en question.

3° La *troisième innovation*, enfin, consiste à admettre que deux syllabes unies entre elles par des voyelles (comme cela arrive dans les mots suivants: *situation*, *punition*, *équiangle*, *conscience*, etc.) doivent pouvoir, à la volonté d'un auteur, se confondre en une seule syllabe ou bien en former deux distinctes; autrement dit, chacun de ces quatre mots doit pouvoir former trois ou quatre syllabes, sans nuire pour cela, en aucune manière, à la *cadence* et à l'*harmonie poétique* des vers se trouvant dans cette condition. L'extrême importance de cette *dernière innovation*, c'est qu'elle rend la poésie extrêmement facile, tandis que tout l'opposé existe dans le cas contraire.

Les trois *innovations* dont nous venons de par-

(1) Nous ferons remarquer ici que notre premiere édition est très défectueuse sous ce rapport, ce qui n'a pas lieu pour celle-ci. De plus, nous ferons remarquer encore, que ce présent *avis* figure également dans nos *deux Poèmes psychologique et astronomique*. A B.

ler ont d'autant plus de raison d'être, qu'elles ne blessent (nous le répétons encore) aucunement l'oreille et ne nuisent, en aucune manière, à la *cadence* et à l'*harmonie* d'une versification semblable. Au surplus, nous ferons remarquer qu'il n'est pas plus ridicule d'accepter l'*union* de deux syllabes unies par des voyelles, que d'accepter *celle* de l'*e* muet avec la voyelle suivante. Tout cela, est purement une affaire de convention, et les *règles poétiques*, établies par quelques-uns, peuvent parfaitement bien être modifiées par d'autres, dans l'intérêt général...

Telle est, chers Lecteurs, notre manière de voir. *Voyez, examinez* et *décidez* vous-mêmes, si vous devez l'accepter. Quant à ceux qui ne seront pas de notre *avis*, nous leur dirons tout uniquement ceci : *Dites que notre Poème n'en est pas un et n'est qu'une prose versifiée*, nous y consentons très volontiers. Seulement, en montrant une telle rigueur, soyez du moins capables de pouvoir mieux faire, et faites mieux en effet, car le devoir de chacun de nous est de produire, lorsque nos moyens intellectuels nous le permettent ; dans le cas contraire, nous nous rendons forcément coupables d'un acte de *lèse-humanité*, et certainement cela vaut la peine d'y réfléchir.

Nous allons maintenant, chers Lecteurs, terminer cet *avis* par la petite pièce de poésie suivante, se rapportant aux trois *innovations* en question :

L'hiatus, amis Lecteurs, est souvent défectueux,
Et n'est pas en tout temps dans ce cas malheureux.
Tels sont ceux que, certes, nous avons cru pouvoir
Employer quelquefois, sans manquer au devoir
Imposé sensément par une poésie
Bien comprise et de plus sagement définie.
Quant à faire rimer maintenant un pluriel
Avec un singulier, sans blesser l'oreille,
Nous pensons encore que la simple raison
Nous le fait accepter comme se trouvant bon.
Maintenant, discuter la véritable union
Entre deux syllabes qui sont vraiment entre elles
Unies par de très véritables voyelles,
Nous paraît peu prudent, avec toute raison.
Quant à tous ceux, enfin, qui voudront critiquer
Cette juste opinion, faisons-leur remarquer
Que toute *poésie* exige un règlement
Sensé, puis très prudent, jamais trop exigeant.
Règlement rigoureux peut fort bien se donner;
Mais soi-même faut-il pouvoir l'exécuter;
Sinon l'on passe alors, avec toute raison,
Pour un Maître exigeant, ne faisant rien de bon.

AUGUSTIN BABIN.

PRÉAMBULE

Dans ce préambule, nous allons définir
L'astronomie et puis nous ferons ressortir
Son utilité tant physique que morale,
Cette dernière étant, certes, la principale.
Puis, nous ferons un court résumé historique
De la conséquence toute psychologique
Et de plus morale, que les plus estimés
Des grands astronomes de notre humanité,
Ont déduit en tout temps et de plus en tous lieux,
De leurs connaissances des astres dans les cieux.
Nous ferons encore nombreuses réflexions,
Sur nos remarquables connaissances actuelles;
Depuis que parmi nous, avec toute raison,
Est apparue la vraie Doctrine spirituelle.
Puis, nous le finirons par quelques réflexions
Se rapportant toutes aux communications
Que l'on peut obtenir par voie médianimique;
En donnant des preuves tout à fait véridiques
De leur existence, ce qui nous est aisé,
En faisant ressortir leur possibilité.

DÉFINITION ET UTILITÉ DE L'ASTRONOMIE

On nomme astronomie, la science dont le but
Est l'étude de tous les astres répandus
Dans l'espace visible, et principalement
De ceux qui font partie, tout naturellement,
De notre tourbillon ou système solaire;
Autrement dit de ceux, qui, comme notre terre
Et son satellite, contournent le Soleil,
Régulateur de tout notre propre système;
Tous ces astres étant pour notredit Soleil
De vrais satellites, absolument de même
Que la Lune sert de satellite à la terre.
Ici, l'observation suivante doit se faire :
C'est que l'astronomie nous est un précieux guide
Pour voyager sur terre et sa partie liquide;
Et de plus, encore, nous est indispensable
Pour notre perfection morale et spirituelle.
Puis, sans l'astronomie, que serait l'admirable
Système solaire de notre époque actuelle?
Il serait inconnu, et complète ignorance,
Joint à de fausses et absurdes croyances,
Formeraient encore toutes nos connaissances.
Il nous faut donc, Lecteurs, avec toute confiance,
Reconnaître qu'elle est la science principale
Pour l'intelligence spirituelle et morale,
Qu'elle perfectionne et, de plus, qu'elle agrandit
Par les connaissances des grandes vérités
Qu'elle fait entrevoir, et qui, sans contredit,

Sont indiscutables et des plus avérées.
Cette science, en effet, est loin de s'appuyer
Sur des suppositions que pourraient réfuter
D'autres découvertes pouvant prendre naissance.
La raison, la voici : c'est qu'elle est une science
Toute d'observation. L'astronome, en effet,
Ne peut pas se tromper dans les calculs qu'il fait,
Qui tous sont obtenus mathématiquement,
Ce qui, certes, les rend tout à fait évidents.
Les résultats vraiment merveilleux qu'il révèle
Peuvent nous étonner par leur grandeur nouvelle;
Mais tous les faits sont là, des plus irrécusables,
Et nous tous nous devons les trouver acceptables,
Du moment qu'ils sont le résultat d'une science
Absolument exacte et vraie par excellence.

RÉSUMÉ HISTORIQUE

Ce court et très simple résumé historique,
De ce qui précède va donner la réplique,
Autrement dit prouver, que, dans les temps passés
Et dans tous les pays, nos croyances actuelles
Par toutes les Nations ont été acceptées.
Croyances intimes et toutes spirituelles,
Qui nous font concevoir, avec toute clarté,
Que dans tout l'univers et dans l'immensité,
Existe un vaste Empire où doit prendre croissance
D'innombrables mondes, ayant leur existence
Absolument variée, dans l'étendue des cieux.

En effet, l'histoire des peuples les plus vieux
(Tels sont : les Arabes, les Chinois, les Indiens),
Prouve qu'ils ont admis, dans leurs dogmes anciens,
La pluralité des habitations humaines
Rayonnant en tous lieux, dedans l'immense plaine
De l'univers entier ou de l'immensité.
Remontant, en effet, aux premières annales
De notre humanité, on trouve cette idée
Tout à fait rationnelle et puis des plus morales,
Se rapportant à la transmigration pour sûr
Des *âmes* humaines, et leur état futur
Dans les mondes humains, tout à fait innombrables
Dans l'étendue des cieux, chose très véritable.
Nous allons, maintenant, désigner tous les noms
Des plus grands écrivains de toutes les Nations,
Qui de cette science ont fait leur occupation.
Citons en premier lieu, comme étant en renom,
Le code de Manou (législateur indien),
Que nous pouvons citer comme le plus ancien;
Puis vient les livres Zends (livres sacrés des Perses);
Puis, enfin, les Dogmes du savant Zoroastre,
Le plus instruit de tous les législateurs Perses.
Tous ces anciens savants ont étudié les astres,
Qu'ils ont tous appréciés de la même manière.
La *secte asiatique* d'Égypte tout entière
Eut même croyance, qui fut également
Partagée par Thalès, chef de la *secte ionienne*,
Qui des sectes grecques est bien la plus ancienne.
Ce dernier disait que des mêmes éléments

Étaient formés la terre et de plus tous les astres.
Après lui sont venus des disciples nombreux (1),
Ayant même opinion concernant lesdits astres,
Qui brillent constamment dans l'étendue des cieux.
Puis, vint Pythagore, qui des Grecs le premier
Fut nommé philosophe, et, comme le dernier
Ci-dessus désigné, eut la même croyance
Sur la pluralité de l'humaine existence,
Et celle des mondes matériels appelés;
L'une et l'autre admises, comme deux vérités
Par tous ses disciples également nombreux (2).
Puis vint Xénophane, savant des plus sérieux
Qui toujours critiqua, tout naturellement,
L'anthropomorphisme, la Doctrine attribuant
A DIEU la forme humaine; opinion peu sensée,
Que le simple bon sens a toujours condamnée.
Enfin, plus grand qu'eux tous apparut Jésus-Christ,
Qu'on appelle souvent tout uniquement Christ,
Et qui fut le plus grand des *régénérateurs*
De tous les temps passés de notre humanité.
Il enseigna toujours à ses admirateurs
Des mondes humains la grande pluralité,

(1) Ces disciples sont les suivants: Anaximandre, Anaximène, Empédocle, Aristarque, Leucippe, Phérecide de Syros, Diogène d'Appollonie, Archélaüs de Millet, Anaxagore, Épicure, Origène, Descartes, etc., dont la plupart ont fait secte.

(2) Les plus illustres furent: Hypponaxe de Régium, Démocrite, Héraclite et Métrodore de Chio.—Disons ici: que Pythagore enseigna en public, l'immobilité de la terre et le mouvement des astres autour d'elle; tandis qu'il faisait connaître à ses adeptes privilégiés, sa croyance au mouvement de la terre comme planète...

Et celle, en même temps, de nos vies corporelles
En dehors de notre vie toute spirituelle.
Enfin est, après lui, venu Allan Kardeque,
Qui fut son grand émule, et, (disons-le) fut presque
Son supérieur, puisque sa Doctrine sublime
De celle de Jésus est le *pur* complément (1).
Cette admirable et puis Doctrine consolante
S'appelle Spiritisme ou bien également
Doctrine spirite. Comme plusieurs Lecteurs
Peuvent du Spiritisme ignorer la valeur
Et en avoir, de plus, une très fausse idée;
Nous ferons remarquer, qu'il est (c'est avéré)
Science d'observation, et ensuite une science
Toute philosophique, les deux sa pure essence.
Il consiste, comme science d'observation,
Dans les relations que nous tous enfin pouvons
Assurément avoir, avec certains Esprits;
Comme philosophie, comprend sans contredit
Les vraies conséquences devant en découler.
Plusieurs de nos Lecteurs, hélas! pourront douter
De la réalité des communications,
Dont nous faisons mention, avec toute raison.
Très souvent, cependant, la plus simple expérience
Et de plus, encore, la plus simple prudence
Nous force d'accepter, comme une vérité,

(1) Pour avoir de très sérieux et très importants renseignements à cet égard, consulter le *Livre des Esprits* d'Allan Kardec, principalement son introduction, ou bien encore son *Qu'est-ce que le Spiritisme?*

Une chose qui peut paraître hallucinée.
Comme preuves, Lecteurs, nous allons à l'instant
Vous citer trois fables absolument sensées,
Et qui, certainement, sont des plus admirées.
L'auteur est T. Jaubert, le vice-président
Du tribunal civil d'une ville de France (1).
Méditez-les, Lecteurs, vous aurez la croyance.

JANOT ET SON VOISIN

OU LE MICROSCOPE

— Voisin, vous maigrissez. Braquant votre lunette,
Vous interrogez le destin ;
Vous avez donc martel en tête?
Vraiment vous maigrissez, voisin.
Sur l'appui de votre fenêtre,
Lorsque se lève un jour nouveau,
Tube en main je vous vois paraître
Et lire dans un verre d'eau.
Signalez-vous quelque navire
Voguant sous pavillon anglais?
C'en est trop, vous prêtez à rire;
On vous prendra pour un niais.
— Janot, dit le voisin, ma lunette chérie
Vient en aide à mes faibles yeux.
Dans une goutte d'eau DIEU renferme la vie;

(1) La ville de Carcassonne, chef-lieu du département de l'Aude.

Là roule des petits le monde spacieux,
J'y vois leurs tourbillons s'agiter, se poursuivre,
Le faible du plus fort évitant la fureur,
Le plus fort dévorant le plus faible pour vivre.
Et dans ma goutte d'eau je sens le CRÉATEUR.
Tu doutes, je le vois; douter convient au sage.
Mais veux-tu regarder? ma lunette est à toi;
Accepte et fais-en bon usage,
Bientôt tu verras comme moi.
— Un monde dans votre eau! vous me la donnez belle!
Adieu, mon cher voisin, adieu.
Janot prit de tout temps souci de sa cervelle;
Je parlerai de vous au médecin du lieu.
Et Janot, caressant ses superbes oreilles,
Redressé sur ses gros sabots,
Du bon sens, en lui seul, admirait les merveilles.
. . . .
. . . .
Sur la terre que de Janots!

—

LE MONOLOGUE D'UN BAUDET

Un baudet, — n'allez pas confondre;
Je ne médis jamais des gens de qualité, —
Un âne, un vrai baudet, de ceux que l'on peut tondre,
En deux mots, un âne bâté,
En gare gourmandait une locomotive.
Son œil était brillant, sa parole était vive.

« C'est toi, s'écriait-il, toi qu'on dit au repos!
Du mouton, mon voisin, si j'en crois les propos,
Tu marches sans cheval, sans âne, sans manœuvre;
Tu rugis entraînant ton immense couleuvre,
Ces colis entassés, ce village de bois;
Baliverne!... Au miracle on put croire autrefois;
Les temps sont bien changés; bien roué qui me berne!
Je ne prends pas un blé pour un champ de luzerne;
Je laisse le chardon pour la botte de foin;
Avec tes pieds de fer on ne va pas bien loin.
J'ai ma règle; au bon sens, heureux qui se confie.
Toi, marcher sans chevaux, sans nous, je t'en défie! »

. . . .

L'âne, vous le voyez, invoquait la raison,
Ce flambeau si souvent éteint par l'arrogance.
Hélas! que de savants ressemblent au grison!
Niez, docteurs, niez l'Esprit et sa puissance;
Niez le mouvement, négligez le moteur...
L'homme fait-il de rien l'électrique lumière?
Toute locomotive a besoin de vapeur.
On évoque les morts... mais il faut la prière,
La prière partant du cœur.

LA CHENILLE ET LE PAPILLON

D'un bouquet de jasmin labourant les contours,
Tremblante, une chenille, au déclin de ses jours,

Se disait : « Je suis bien malade,
Je ne digère plus la feuille de salade;
A peine si le chou tente mon appétit;
Je me meurs petit à petit.
C'est triste de mourir ! Mieux valait ne pas naître !
Sans murmurer il faut se soumettre;
A d'autres après moi de tracer leur sillon.
— Mais tu ne mourras pas, lui dit un papillon;
Si j'ai bon souvenir, sur la même charmille,
Avec toi j'ai rampé, je suis de ta famille.
L'avenir te prépare un destin plus heureux.
Peut-être un même amour nous unira tous deux.
Espère !... du sommeil le passage est rapide;
Tout comme je le fus, tu seras chrysalide.
Comme moi tu pourras, brillante de couleurs,
Respirer le parfum des fleurs.
La vieille répondit : Imposture ! imposture !
Rien ne saurait changer les lois de la nature;
L'aubépine jamais ne deviendra jasmin.
A mes anneaux brisés, à mes ressorts si frêles,
Quel habile ouvrier viendra fixer des ailes?
Jeune fou, passe ton chemin.
— Chenille ! bien touché; le possible a ses bornes,
Reprit un escargot, triomphant sous ses cornes.
Un crapaud applaudit. De son dard un frelon
Insulta le beau papillon,

. . . .

. . . .

Non, ce n'est pas toujours la vérité qui brille.

Ici-bas que d'aveugles-nés...
Niant l'âme des morts, docteurs, vous raisonnez
A peu près comme la chenille.

Pour *ceux* de nos Lecteurs restant irrésolus,
Après la lecture des fables ci-dessus
(Sans doute, nous pensons qu'ils seront peu nombreux),
Nous allons leur citer deux faits très remarquables,
Lesquels, certainement, seront par chacun d'eux
Forcément acceptés, quoique étant incroyables.
Exemple : Aucun de nous se refuse de croire
Que nos nuits et nos jours sont uniquement dus
Au simple mouvement, appelé rotatoire,
Du globe terrestre, l'un des plus exigus
De tous ceux circulant dans notre immensité.
De là nous concluons, en toute vérité,
Que par *vingt-quatre heures*, alors nous parcourons
A très peu près neuf mil cent soixante-six lieues (1).
Dans ce cas, par *heure*, forcément nous devons
Alors parcourir cent soixante-douze lieues,
Et enfin par *minute*, à très peu près sept lieues,
Ce qui fait, par *seconde*, un dixième de lieue.
Cette locomotion, que tous nous subissons
Sans en avoir conscience, est, nous tous le savons,
Très inférieure à cette autre locomotion,
Dû tout uniquement à sa révolution.

(1) Ce nombre est d'autant plus exact qu'on est plus rapproché de l'équateur, et l'est d'autant moins qu'on en est plus éloigné, c'est-à-dire qu'il devient nul au point central de chaque pôle, autrement dit les deux points où l'axe du globe terrestre perce sa surface.

En effet, celle-ci (pour tous sans exception),
Nous fait, en vérité, parcourir dans un *an*,
Tout modestement deux cent quarante millions
De lieues; ce qui, par *jour*, nous fait assurément
Parcourir six cent cinquante-sept mille lieues,
Et de plus par chaque *heure*, également en lieues,
Le petit parcours de sept mil quatre cents lieues;
Par *minute*, quatre cent cinquante-six lieues,
Six dixièmes de lieue, cela réellement.
Maintenant, chers Lecteurs, nous vous le demandons,
La main sur la conscience : est-il vraiment prudent
De vouloir combattre la très juste opinion
Que nous avons émise avec toute raison,
Laquelle est celle-ci : c'est que tous nous devons
Forcément accepter, comme une vérité,
Une chose qui peut paraître hallucinée,
Tout en étant conforme à la bonne conscience.
Agir tout autrement, c'est manquer de prudence
Et, de plus encore, manquer de jugement.
Voyez, examinez et *jugez* maintenant.

EXORDE

Le but de cet exorde, est de faire apprécier
Les moyens employés, pour pouvoir calculer
L'éloignement de tous les astres composant
Notre tourbillon, qui, s'appelle également
Système solaire. Leurs distances connues,
Plus de difficulté pour avoir le surplus :
Consistant à trouver leurs diamètres divers,
Leurs circonférences, leurs volumes, leurs aires;
Ces valeurs s'obtenant géométriquement
Par des moyens simples et des plus convaincants.
En effet, pour cela, il nous faut employer
Le triangle isocèle (1), qu'il nous faut diviser
Par une ligne droite, en deux triangles rectangles;

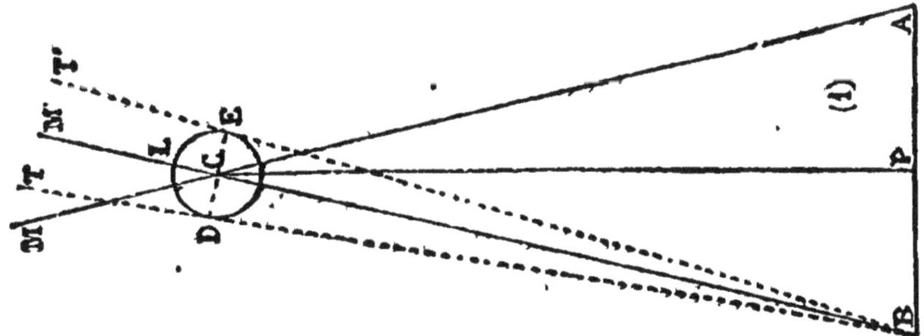

(1) Nous ferons remarquer ici : que le mot *triangle* peut, à volonté, passer pour contenir *trois* syllabes ou bien que *deux* seulement, comme nous le faisons ici. A cet égard, voir ce que nous disons pages 7 à 10 de ce Poème.

A. B.

Comme cela, certes, a lieu pour les deux triangles
Isocèles compris dans cette figure un.
Maintenant, chers Lecteurs, il nous faut désigner
Quelques propriétés principales de l'un
Et de l'autre triangles, dont nous allons parler.
Dans les deux sont compris trois côtés et trois angles,
Ces derniers égalant toujours deux angles droits.
— Si, des six parties de chacun des triangles, trois
Sont connues (1)*; dans ce cas, le sont également*
Les trois autres parties. — Dans chacun, maintenant,
A l'angle du sommet est opposé la base...
Ces principes connus, voici où l'on se base :
Prenons, sur la terre, deux points ayant entre eux
En ligne directe, pour le moins quinze lieues ;
Laquelle distance doit nous être connue.
Tel est côté AB, figure ci-dessus;
Lequel côté, compris les deux autres côtés,
AC et puis BC, donnent naissance au triangle
ACB, duquel nous connaissons le côté
BA, assurément, ainsi que les deux angles
A plus B; donc alors, de ce susdit triangle
Les trois autres parties sont forcément connues.
Alors de la Lune, la *distance* est connue.
Pour avoir son *diamètre*, il nous faut recourir
Au triangle isocèle qui se trouve ponctué;
Dans lequel forcément, il faut en convenir,
Nous connaissons un angle et de plus deux côtés,

(1) Il faut forcément que, dans les trois parties connues, il existe au moins un côté.

Qui sont : l'angle B puis côtés BE, BD,
Lesquels précédemment ont été calculés.
D'où, nous affirmons que le diamètre lunaire
DE est découvert, vérité secondaire (1).
Maintenant, pour trouver l'exact éloignement
Entre globe solaire et les astres tournant
Autour de ce dit globe, il nous faut recourir
(Celui qui précède ne pouvant plus suffire)
Au procédé suivant; lequel consiste à prendre,
Comme base forcée, le diamètre terrestre.
Alors, dans un tel cas, il nous faut entreprendre
Toute l'opération sous l'équateur terrestre,
Dans lequel se produit le complet mouvement
De tous astres compris dans notre tourbillon.
Voulons-nous du Soleil trouver l'éloignement?
Il faut, du point terrestre où nous nous trouverons,
Tirer à six heures du soir ou du matin,
Une ligne visuelle, absolument sans fin,
Passant par le centre de l'astre lumineux.
Supposons le centre terrestre, maintenant,
Joint au susdit centre de notre astre radieux,
Par une ligne droite; alors, assurément,

(1) Pour avoir maintenant la circonférence de notre Lune dont il est fait mention ici, nous allons en faire le calcul en prose. D'abord, il nous faut dire que la science géométrique nous enseigne : 1° que le *diamètre* d'une sphère est à sa *circonférence* comme 1 : 3,1415920; 2° que son *aire* égale son diamètre multiplié par l'un de ses grands cercles; 3° que son *volume* est égal à son aire multiplié par le tiers de son rayon. Nous aurons donc, en supposant que le diametre lunaire soit égal à x, les valeurs suivantes : $x \times$ 3,1415920, égal à l'un de ses grands cercles, qui sont tous égaux et désignent chacun sa circonference ; x 2 $\times$ 3,1415926, égal à son aire. Enfin, son *volume* égalera x 2 $\times$ 3,1415920 $\times$ 1/2 x : 3, c'est-à-dire son aire multipliée par le tiers de son rayon.

Nous avons un triangle qui se nomme rectangle,
Et dont nous connaissons un côté, plus deux angles...
Alors, nous sont connus, de ce susdit triangle,
Les deux autres côtés et puis le troisième angle.
De là, résulte que, dudit globe solaire,
La distance est connue, vérité secondaire
Que nous avons prouvée, pour le globe lunaire.
Quant à son diamètre, même calcul à faire.
Pour les autres astres de notre tourbillon,
Ce n'est plus six heures que nous devons choisir
(Cette dite époque ne pouvant plus suffire),
Mais bien le *vrai* coucher des astres en question...
Maintenant, pour pouvoir calculer la distance
Des étoiles, il faut, avec toute assurance,
Reconnaître, Lecteurs, qu'il nous faut recourir
(Ce dernier procédé ne pouvant plus suffire)
Au diamètre immense de l'orbite terrestre,
Et de plus opérer (c'est évident du reste)
Comme pour les astres de notre tourbillon.
Seulement, il nous faut faire l'observation
Que ce dit diamètre, quelle que soit sa grandeur,
Certes, ne peut servir à trouver la valeur
Du prodigieux et puis immense éloignement
De *sept* ou bien de *huit* étoiles seulement...
Tels sont, amis Lecteurs, les moyens employés
Pour trouver des astres la distance assurée.

TRILOGIE MORALE

TROISIÈME PARTIE

POÈME ASTRONOMIQUE

EXTRAIT DE NOS

NOTIONS D'ASTRONOMIE, ETC.

1. — SPHÈRE CÉLESTE

La sphère céleste, c'est la voûte apparente
Du ciel bleu contournant (chose très évidente)
Notre globe terrestre, infime assurément.
Dite *droite* pour les régions de l'équateur,
Elle est dite *oblique*, tout naturellement,
Pour les lieux non situés sous le dit équateur,
Ni sous les deux pôles, sous lesquels sensément
On la dit *parallèle*. Enfin le mouvement
Apparent du Soleil, commun également
A tous corps célestes, est dû, c'est évident,
Au mouvement de la rotation régulière
Et des plus réelles de notre terre entière.

2. — GLOBES TERRESTRE ET CÉLESTE

Des globes en question, le *premier* nous fait voir
De notre terre la surface tout entière,

Tandis que le *second*, nous fait apercevoir
Dans tout le firmament, la position entière
Des étoiles qui sont visibles à nos yeux.
Ces deux globes étant munis de tous leurs cercles,
Et pouvant, en outre, se mouvoir tous les deux
Dans le plus important et plus grand desdits cercles
(Appelé Méridien), servent à reconnaître
Avec certitude, d'un lieu quel qu'il puisse être,
La longitude et puis enfin la latitude;
A connaître les lieux ayant exactement
La même latitude et même longitude
Qu'un point qu'on a choisi; de plus, assurément,
A trouver du Soleil l'exact emplacement
Dans l'écliptique, et puis, encore également,
Le passage sur un méridien désigné,
D'un astre quelconque du beau ciel étoilé.
Pour avoir, maintenant, une très juste idée
De la position des cercles susdésignés,
Sur les deux globes dont il vient d'être question,
Il faut examiner avec grande attention
Notre figure deux, ici représentée,
Et qui certainement est des plus estimées.

3. — CERCLES DU GLOBE CÉLESTE

Le globe céleste comprend différents cercles,
Lesquels se divisent en grands et petits cercles.
Les *premiers* partagent en deux parties égales
La sphère céleste, vraiment la principale;

Leurs noms sont : équateur, écliptique, horizon,
Zodiaque, méridiens et puis les deux colures.
Tandis que les *derniers* (qui, comme de raison,
Sont les moins importants), se nomment à coup sûr
Les deux tropiques, puis les deux cercles polaires.

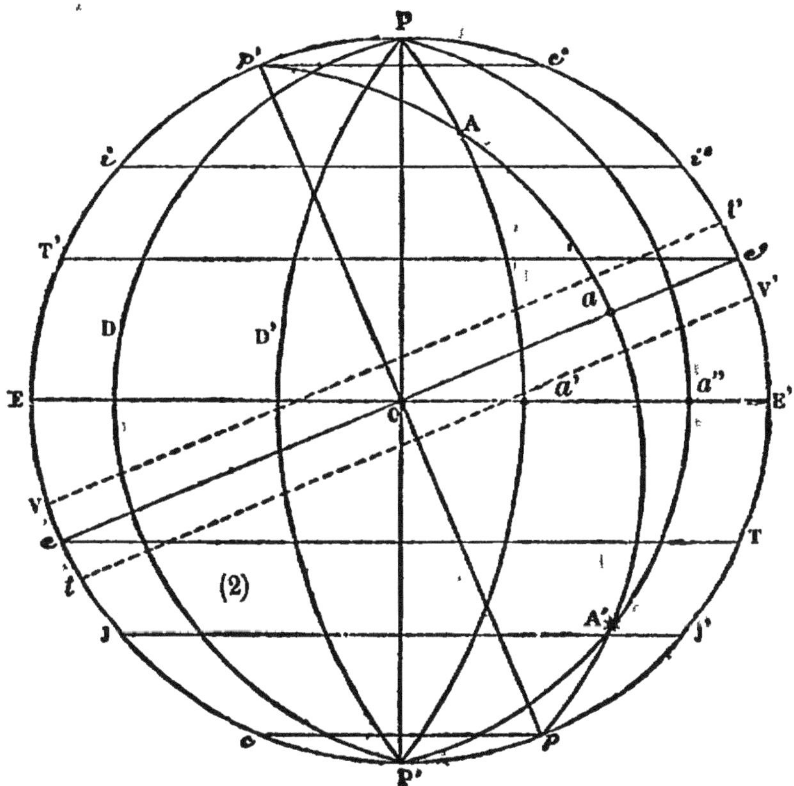

Fig. 2. — De la sphère avec tous ses cercles, y compris la longitude et la latitude de deux étoiles.

En outre de tous les cercles susdésignés,
Il nous faut distinguer (distinction nécessaire)
Encore tous ceux-ci, de ces noms appelés :

Cercles d'apparition tout à fait perpétuelle,
Cercles d'occultation tout aussi perpétuelle,
Cercles diurnes et puis les cercles de hauteur;
Ceux de longitude céleste ou d'ascension,
De latitude ensuite ou de déclinaison;
Enfin, les verticaux de midi donnant l'heure.

4. — CERCLES DU GLOBE TERRESTRE

Les noms de ces cercles sont très exactement
Tout à fait semblables à ceux du précédent,
Se divisant aussi en grands et petits cercles,
Composant à eux seuls justement *tous* ses cercles.
Il nous faut, maintenant, faire l'observation
Que, des deux globes, les cercles de même nom
Correspondent entre eux assez exactement
Aux deux équinoxes d'automne et du printemps.
De tous ces dits cercles, sans aucune exception,
Il nous faut, maintenant, donner la position
Dans la figure deux ci-dessus désignée;
Dans laquelle, ils sont tous compris, en vérité.

5 à 12. — DÉFINITION DES CERCLES SUSDÉSIGNÉS

Ligne EOE' *prime*, se nomme l'*équateur*
Ou ligne équatoriale ou bien équinoxiale.
Cette ligne importante est l'exact diviseur
De la susdite sphère en deux parties égales,
Nommés hémisphères, dont l'un est boréal;

Tandis que l'autre est dit absolument austral.
Ligne *eOé prime*, se nomme l'*écliptique*
Et puis représente la vraie courbe elliptique
Que le Soleil paraît décrire en une année,
Pendant que la terre, de deux mouvements douée,
Fait autour de lui sa révolution annuelle (1);
Découverte aujourd'hui grandement officielle.
Ici, nous avons O, désignant l'un des deux
Points dits équinoxiaux, puis les points opposés
e é prime donnant (nous en faisons l'aveu)
De l'écliptique la plus grande obliquité.
On appelle *horizon*, le cercle séparant
La partie visible de celle assurément
Qui est invisible, pour l'horizon *visuel;*
Tandis que l'horizon *vrai* ou bien *rationnel*,
(Portant également le nom d'astronomique)
Est le seul grand cercle nommé horizontal,
Et dont le plan passe, c'est chose véridique,
Par le point qu'on peut dire absolument central
Du globe terrestre. De tous c'est le plus grand
Et de plus encore reste *seul* invariable;
Tandis que le premier, est naturellement
Absolument mobile, autrement dit variable.
On nomme *méridiens*, tous grands cercles passant
Par le zénith et le nadir de chaque lieu
Terrestre, et, ensuite, passant également

---

(1) Ce mouvement apparent du Soleil dans l'écliptique est uniquement dû à l'obliquité de l'*axe* et de l'*équateur* terrestres par rapport à *ceux* dits célestes.

Par les deux pôles de l'immensité des cieux;
Laquelle immensité se trouve divisée
En deux hémisphères, dont l'un est appelé
Oriental et l'autre du nom d'occidental;
L'un étant à l'autre parfaitement égal.
Tels sont les méridiens : PD' *prime* P' *prime*,
PDP' *prime*, ou PA*a*' *prime* P' *prime*...
Tous ces méridiens sont *équatoriaux* nommés.
En outre de ceux-là, d'autres (c'est véridique)
Existent encore, lesquels sont appelés,
Tout naturellement, *méridiens d'écliptique.*
Dans la figure *deux* un seul est désigné,
C'est : p' *prime* A *a p*, vraiment le seul cité.
On appelle *zodiaque,* en science astronomique,
La zone céleste faisant le tour du ciel
Parallèlement au cercle de l'écliptique,
Ayant dix-huit degrés de largeur naturelle
Et par lui divisée en deux parties égales.
Cette zone est aussi, d'orient en occident,
Divisée en douze parties des plus égales,
Chacune de trente degrés se composant (1).
On nomme *colures,* les deux seuls méridiens
Dont l'un passe par les deux points équinoxiaux,
L'autre passant par les deux points dits solsticiaux.
Enfin, les deux globes, par ces deux méridiens,

(1) Ces douze parties égales désignent les douze signes du zodiaque qui sont, à commencer par celui qui correspond actuellement au mois de janvier, le Cancer, le Lion, la Vierge, la Balance, le Scorpion, le Sagittaire, le Capricorne, le Verseau, les Poissons, le Bélier, le Taureau, et enfin les Gemeaux.

En quatre semblables parties sont divisés.
Tels sont les grands cercles des globes précités.
Maintenant, il nous reste à parler seulement
Des seuls petits cercles, lesquels sont les suivants :
D'abord les *tropiques*, qui sont deux petits cércles
Renfermant entre eux deux le zodiaque céleste,
Parallèlement au plus grand de tous les cercles,
Lequel est l'équateur; les deux sont dits célestes (1).
Les deux terrestres sont : les deux cercles passant
Par les points solsticiaux, tout parallèlement
A l'équateur terrestre, et servent de limite
A l'écliptique, et puis, tout naturellement,
Comprennent toute la grande zone torride (2),
Zodiaque terrestre nommée également.
Enfin, les deux *cercles polaires* désignés
Dans les deux dits globes, par les cercles tracés
Par les deux vrais pôles du susdit écliptique,
Pendant que notre globe a fait (c'est sans réplique)
Sa révolution en pleine totalité.
Tels sont les deux cercles : c'p' *primes*, c p.

---

(1) Ces deux tropiques désignés par T*e* et T' *e'*, dans la figure 2, se rapprochent tous les ans de l'équateur dans les mêmes rapports que l'obliquité de l'écliptique, c'est-à-dire de 0",47 et sont l'un et l'autre compris dans deux hémisphères differents, celui de l'hémisphère boréal étant dit tropique du Cancer, et celui de l'hémisphère austral tropique du Capricorne.

(2) Nous ferons remarquer ici que la surface du globe terrestre est divisée en cinq zones principales, savoir : la zone torride, occupant la 0,398e partie de la surface du globe terrestre ; la zone tempérée, occupant la 0,520e partie de la même surface, et enfin la zone glaciale, occupant sa 0,082e partie seulement.

13 à 20. — CERCLES SUPPLÉMENTAIRES

Ces cercles sont d'abord, le cercle parallèle
A l'équateur céleste, étant (c'est essentiel)
Tangent à l'horizon du lieu que l'on occupe.
Ce cercle, qui change pour chaque latitude,
Peut être boréal ou austral et s'appelle :
Cercle d'apparition tout a fait perpétuelle.
Tel est pour nous celui qu'on nomme boréal;
Tandis que l'autre étant absolument austral,
S'appelle *cercle d'oc-cultation perpétuelle.*
Les *cercles de hauteur,* dits aussi *parallèles,*
L'étant, en effet, par rapport à l'équateur;
Ils sont tous contenus dans les deux hémisphères.
D'autant plus grands qu'ils sont plus près de l'équateur,
Ils sont innombrables dans lesdits hémisphères.
Puis viennent en plus, les *cercles de longitude*
Et de *latitude* terrestres ou célestes,
Dont plus tard nous ferons sérieusement l'étude.
Pour terminer, enfin, disons qu'il ne nous reste
Plus que les deux cercles *verticaux* appelés,
Lesquels passent par le zénith et le nadir
Du lieu terrestre qui, par nous est occupé.
Ici, cette grande vérité doit se dire :
C'est que l'angle formé par un plan vertical
Et puis par le plan d'un méridien convenu,
Prend le nom d'azimut ou angle azimutal.
Cet angle, se formant (vérité absolue)

Au centre de la terre, est vraiment mesuré
Par l'arc compris entre leurs deux extrémités.
Les *cercles verticaux*, servent (avec raison)
A trouver la hauteur par-dessus l'horizon,
De tous astres compris dans tout le firmament;
Ils peuvent donc servir (cela, c'est évident)
A former le globe représentant le ciel;
Comme *angle horizontal*, ayant un but pareil.

21. — OBLIQUITÉ DE L'ÉCLIPTIQUE

L'angle que l'équateur fait avec l'écliptique
Désigne la valeur de cette *obliquité*,
Laquelle est variable; ce qui, certes, s'explique
Par l'action véritable et des plus avérées
De nos principales planètes sur la terre,
Principalement de Vénus et Jupiter.
L'angle susdésigné, par cette seule action,
Chaque siècle subit une *diminution* (1).
De là, certainement, il nous faut en conclure :
Que, de notre globe, la vraie température
S'améliore et, de plus, qu'il viendra un moment

---

(1) Cette diminution est d'environ quarante-sept secondes, et nous donne à notre époque actuelle, décembre 1881, un angle de 23°27'05",52. Dans un an, il sera de 23°27'5",5; dans deux ans, de 23°27'4",58; dans dix ans, de 23°27'0",82. Enfin, dans un siècle, il sera de 23°26'18",58, etc., etc. D'après cela, si nous continuons les calculs, jusqu'à ce que cet angle soit réduit à 0°0'0", il nous faudra alors pour cela 1,796 siècles ou 179,617 années; époque à laquelle (si rien d'extraordinaire ne survient d'ici là) la Terre n'aura plus qu'une seule saison pour chaque point terrestre...

Qu'elle n'éprouvera plus aucun changement,
Pour chaque point terrestre. Aux Lecteurs, maintenant,
Appartient le vrai droit, tout naturellement,
D'en tirer sensément la juste conclusion,
Que leur inspirera leur parfaite raison.

22. — SOLSTICE

On nomme *solstice* le point que le Soleil,
A l'époque de son plus grand éloignement
De l'équateur céleste, occupe dans le ciel;
Lequel point est compris (c'est vraiment évident)
Dans le cercle de l'un ou de l'autre tropique.
Également comme pour les deux dits tropiques,
Il existe enfin deux solstices différents
Qui, tout spécialement, portent les noms suivants :
L'un est dit boréal et l'autre ensuite austral.
Le premier désigne que notre été commence,
Tandis que le second, ou le solstice austral,
Désigne également que notre hiver commence;
Et puis *vice versâ* tout naturellement,
Pour l'autre hémisphère du nôtre l'opposant.
Le premier est, enfin, le plus long de nos jours,
Et le second le plus petit de nos dits jours.

23 et 24. — ÉQUINOXES. — PRÉCESSION DES ÉQUINOXES

L'écliptique coupe la ligne équinoxiale
En deux points différents, à distances égales,

Équinoxes nommés, tous les deux désignant
Le printemps et l'automne à leur commencement.
A chaque équinoxe, le jour exactement
Est égal à la nuit pour tous les habitants
Du globe terrestre. De plus, encore, il faut
Reconnaître que les deux points équinoxiaux
Ne sont jamais fixes, mais ont un mouvement
Vraiment rétrograde, puis très peu apparent.
Ce mouvement porte le nom de *précession*
Des équinoxes, et, tout naturellement,
Se produit en marchant d'occident en orient.
D'où les équinoxes, dont nous faisons mention,
Assurément, Lecteurs, arrivent tous les ans
Vingt minutes et vingt-cinq secondes de temps,
Avant que la terre se trouve en conjonction
Avec le Soleil qui, d'après cette raison,
Paraît rétrograder de cinquante secondes
Et puis, encore, trois dixièmes de seconde
De degré par année (1); ce qui donne un degré
Par soixante-douze ans et puis trente degrés
Ou bien un signe entier pour deux mil cent cinquante-
Six ans. Notre Soleil (chose très évidente)
Parcourt donc l'écliptique en vingt-six mille années.

---

(1) Ce nombre de 50",3 de seconde de degré est, en effet, le nombre qui correspond, à très peu près, à la division de 20m25s de temps mentionnée plus haut. Pour s'en convaincre, il suffit de faire le calcul suivant, consistant à diviser le nombre de jours compris dans une année équinoxiale et réduit en secondes de temps, par le nombre de degrés compris dans un cercle et également réduit en secondes de degré, autrement dit de diviser 31,556,730s par 1,296,000" = 24s35, nombre qui représente la valeur exacte d'une seconde de degré en secondes de temps, et qui multiplié par 50",3 = 1,224s8; tandis que 20m25s réduit en secondes de degré = 1,235"...

Pour se faire une idée du point de l'écliptique
Où le Soleil se trouve en Mars de cette année,
Examiner notre *tableau astronomique*,
Lequel vient ensuite la figure treizième,
De ce très humble écrit, par nous nommé Poème...
Enfin, reconnaissons que cette précession
Est tout uniquement due à la translation
Du globe solaire dans l'espace infini;
De là, l'ellipse que notre Terre décrit
Tout autour du Soleil, ne peut en vérité,
Être une ellipse tout à fait parachevée.

25. — POLES

On appelle *pôles*, les deux extrémités
De la ligne passant par le centre d'un globe,
Perpendiculaire à l'équateur dudit globe
Et joignant sa surface en deux points opposés.
L'un est dit pôle nord, boréal et arctique;
Et l'autre pôle sud, austral ou antarctique.
Règle générale : pour chaque lieu terrestre
La latitude donne, exactement du reste,
La hauteur du pôle pour le lieu en question.
Disons encore, ici, que la vraie direction
Des pôles dans l'espace est quelque peu variable;
Opinion rationnelle et de plus véritable (1).

---

(1) Pour s'en convaincre, consulter la page 56 de nos *Notions d'Astronomie scientifique, psychologique et morale*.

26. — AXE

L'axe est la ligne droite et puis imaginaire
Qu'on suppose passer par le centre d'un astre,
Autour de laquelle cet astre paraît faire
Sa rotation diurne. Remarquons que les astres
Dans leurs deux mouvements (dont l'un de rotation
Et l'autre désigné par leur révolution),
Se meuvent en tout temps, très parallèlement
A leur axe en question, ainsi qu'exactement
La figure douze le prouve pour la terre.
Aux deux équinoxes, l'axe terrestre est dit
Perpendiculaire au rayon *vecteur* solaire,
Ou la ligne droite, qui vraiment aboutit
Au centre du Soleil et celui de la terre;
Ce qui n'a pas lieu, à toute époque contraire.

27. — ROTATION ET RÉVOLUTION

Se nomme *rotation* le simple mouvement
D'un corps sur son axe, comme une roue autour
De son essieu même. C'est à ce mouvement
Que nous devons nos nuits et ensuite nos jours;
Un jour et une nuit comprenant vingt-quatre heures
Et de plus, encore, désignant la valeur
D'une rotation qui forcément est entière;
Laquelle nous faisons, dans une année entière,
Trois cent soixante-cinq fois et vingt-cinq centièmes

De fois, à très peu près, voire à moins d'un centième.
Pour la *révolution*, elle est le mouvement
De translation d'un astre autour d'un second astre;
Ce second astre étant toujours infiniment
Supérieur au premier. Tel est, pour tous les astres
De notre tourbillon, la vraie révolution
De nos satellites autour de leurs planètes;
Comme notre Lune fait sa révolution
Autour de notre terre, également planète;
Comme, enfin, tous astres de notre tourbillon
Contournent le Soleil, dont la révolution
Autour d'un autre astre très supérieur à lui,
Est une vérité reconnue aujourd'hui.

28. — ORBE OU ORBITE

La courbe que décrit, dans sa révolution,
Un astre quelconque, s'appelle *orbe* ou *orbite.*
Il nous faut, maintenant, faire l'observation
Que la courbe en question, n'est jamais un orbite
Vraiment circulaire, pour tous astres compris
Dans notre tourbillon; mais est, sans contredit,
Une vraie ellipse plus ou moins elliptique.
Cette assertion, certes, pour nous est sans réplique.

29. — PHASES

On appelle *phases*, cet aspect différent
Sous lequel nous voyons certains astres pendant

La durée entière de leur révolution.
Tous se trouvent compris dans notre tourbillon
Et ne sont qu'au nombre de quatre seulement,
Dont nous allons donner les noms tout simplement.
Ce sont notre Lune, puis Vénus et Mercure,
Puis enfin Mars étant le dernier pour le sûr.

30. — SATELLITES

Les satellites sont les planètes portant
Le nom de secondaire, et de plus, contournant
Les planètes dites planètes principales.
Cette définition est vraiment générale
Pour les astres compris dans notre tourbillon,
Les seuls en ce genre, que nous apercevons.

31. — OCCULTATION OU ÉCLIPSE

Éclipse, occultation, en règle générale,
Est la disparition partielle ou bien totale
D'un astre quelconque, par le fait d'un autre astre.
C'est ce que nous voyons pour quelques-uns des astres
De notre système solaire ou tourbillon;
Mais, surtout, pour les deux astres que nous nommons :
Le globe solaire, puis le globe lunaire.
Elles sont, dans ce cas, le résultat forcé
De l'interposition dudit globe lunaire
Ou bien de la terre. Cette vraie vérité
Est connue de nous tous, tout naturellement;

Inutile donc d'en parler présentement.
Seulement, il nous faut faire une observation
Des plus importantes, comme il est de raison,
Laquelle est celle ci : c'est que toutes les deux
Sont périodiques et peuvent, par conséquent,
Se prédire à l'avance, au moyen d'un heureux
Calcul très simple et puis tout à fait concluant (1).

32. — APOGÉE ET PÉRIGÉE

Le premier de ces mots, désigne le moment
Où la Lune est à son plus grand éloignement
De la terre et *vice versâ* pour le second;
Puis les deux réunis portent le nom d'abside,
Puis, enfin, s'appelle la ligne des absides,
Celle qui les unit, comme il est de raison.

33. — APHÉLIE ET PÉRIHÉLIE

L'un et l'autre de ces mots ont exactement
La signification des deux mots précédents,
Par rapport aux astres que nous reconnaissons
Comme faisant partie de notre tourbillon,
Dont ils donnent la plus ou moins grande distance
Du Soleil dont, nous tous, nous aimons la présence.

(1) En effet, depuis fort longtemps, les astronomes ont reconnu que les éclipses de Lune et de Soleil reparaissent dans le même ordre, après un intervalle de 235 lunaisons, comprenant 19 années équinoxiales; ce qui permet de prédire leur retour aussi longtemps à l'avance qu'on le désire, ainsi qu'il en sera fait mention au n° 63, article *Lune*

34. — EXCENTRICITÉ

La distance existant entre le *vrai* foyer
D'une ellipse et son centre, est l'excentricité.
Observons, maintenant, que le dit *vrai* foyer,
Est par notre Soleil en tout temps occupé.
Dans figure *douze,* déjà citée ailleurs,
Cette excentricité, certes, amis Lecteurs,
Par la partie OC, se trouve désignée,
Règle générale : toute excentricité
Est d'autant plus grande, que le rapprochement
Et puis l'éloignement de l'astre contournant
Un autre astre sont tous les deux d'autant plus grands;
Le dernier astre étant toujours le plus puissant.

35 et 36. — NUTATIONS TERRESTRE ET LUNAIRE

On nomme *nutation*, le petit mouvement,
Nommé giratoire, de l'axe des deux globes
Terrestre et lunaire. Les deux, c'est évident,
Sont dus à l'attraction inégale des globes
Solaire et lunaire, sur les régions polaires
Puis équatoriales de notre infime terre (1).
Mêmes conséquences pour le globe lunaire.
Ces observations sont les seules qu'on peut faire.

---

(1) Nous ferons remarquer ici, que le mouvement giratoire de l'axe terrestre est subordonné à celui de la précession des équinoxes.

37. — NŒUDS

L'écliptique est coupé, en deux points opposés,
Par l'orbite de tous astres du tourbillon;
Lesquels deux points du nom de *nœuds* sont appelés.
Il nous faut dire ici, avec toute raison,
Qu'il existe deux nœuds : l'un étant ascendant
Ou boréal, et l'autre austral ou descendant.
Le premier désigné, est dit occidental,
Tandis que le dernier, prend le nom d'oriental.
La ligne droite, enfin, qui réunit les deux,
Prend sensément le nom de la ligne des nœuds.
Maintenant, disons que les éclipses solaires,
Et puis, en même temps, celles dites lunaires
Sont dites *centrales*, quand la ligne en question
Passe par les centres du Soleil, de la terre
Et enfin de la Lune; et puis, avec raison,
Seulement *partielle* dans tous les cas contraires;
Laquelle observation convient également,
Pour la planète Mars, tout naturellement.

38. — STATION

On appelle *station*, l'état d'une planète
Qui dans le zodiaque nous paraît stationnaire;
Lequel fait existe pour toutes les planètes
De notre tourbillon ou système solaire (1).

(1) Ce que nous disons ici, *corrige* la grave erreur que, malheureusement, nous avons commise dans le numéro 38 de nos *Notions d'astronomie scientifique, psychologique et morale*, pages 62 et 63.

Pour être convaincu de ce que nous disons,
Forcément il nous faut consulter les figures
Treize et puis quatorze. Ces deux dites figures
Nous feront apprécier, avec toute raison,
Ce que nous avons dit, et puis, en même temps,
Feront comprendre les deux numéros suivants.

39. — CONJONCTION ET ÉLONGATION

Tout astre se trouvant sur la ligne qui joint
Le centre du Soleil à celui de la terre,
Est dit en *conjonction*. La conjonction, enfin,
Est *vraie*, lorsque l'astre a, par rapport à la terre,
La même longitude et même latitude
Que le globe solaire, et puis n'est qu'*apparente*,
Toutes les fois qu'elle a la même longitude
Et que sa latitude est vraiment différente.
Enfin, la conjonction est dite héliocentrique
Étant vue du Soleil, et puis géocentrique
Vue de notre terre. Cette autre observation
Est encore à faire : c'est que la conjonction
Est dite inférieure ou supérieure, selon
Que l'astre se rencontre avoir sa position
Entre notre terre et ensuite le Soleil,
Ou encore, au delà de notre dit Soleil.
La Lune, tous les mois, se trouve en conjonction
Avec notre Soleil; c'est ce que l'on appelle
La nouvelle Lune. De plus, la conjonction
Entre plusieurs astres étant vraiment pareille,

Elle porte le nom de grande conjonction.
Maintenant, ce que nous nommons *élongation*,
Est tout uniquement, la distance apparente
D'un astre quelconque, du globe dit solaire.
Elle est, assurément, tout à fait la plus grande
Quand l'astre est par côté dudit globe solaire.
Pour nous en assurer, consultons maintenant
La figure treize, citée précédemment.

40. — OPPOSITION ET QUADRATURE

Tout astre se trouvant sur la prolongation
De la ligne droite passant par les deux centres
Solaire puis terrestre, est en *opposition;*
Laquelle opposition (c'est facile à comprendre)
Est à la conjonction tout à fait opposée.
La Lune tous les mois, chose vraiment forcée,
Est en *opposition;* c'est ce que nous nommons
Une pleine Lune, que tous nous connaissons.
Existant près ou dans les nœuds de l'écliptique,
Entre notre globe solaire et puis la Lune;
Nous avons, dans ce cas, une éclipse de Lune.
De même qu'il y a (cela fort bien s'explique)
Éclipse de Soleil, lorsque la conjonction
Lunaire se trouve dans même condition.
La conjonction lunaire et son opposition
De syzygie portent absolument le nom.
De la *quadrature*, tout naturellement,
Il faut nous occuper, en la définissant.

Nous dirons donc qu'elle est le point qu'occupe un astre
Lorsque notre terre, le Soleil et cet astre
Forment un angle droit. Notre Lune, pour nous,
Est en quadrature (ce que nous savons tous)
Quand elle se trouve dans son premier quartier,
Et de plus, encore, dans son dernier quartier.
Pour très bien apprécier toutes ces vérités,
Voir figures treize et quatorze susnommées.

41. — LONGITUDE

En géographie on appelle *longitude*,
Toute vraie distance d'un lieu terrestre à un
Méridien désigné, ce qui est certitude;
Lequel méridien est considéré comme un
Méridien convenu ou premier méridien.
La distance en question, se trouve mesurée
Par l'arc de l'équateur étant intercalé
Entre le méridien, dit premier méridien,
Et puis le méridien dudit lieu en question.
Dans ce cas, tous les lieux de la terre situés
Sur même méridien, ont, comme de raison,
La même longitude, et puis, en vérité,
Vice versâ pour tous les autres se trouvant
Sur des méridiens qui, entre eux sont différents.
Ajoutons encore que, *règle générale*,
Une longitude peut être occidentale
Ou bien orientale par rapport (c'est certain)
Au méridien nommé le premier méridien,

Et puis doit se compter depuis zéro degré
Jusqu'au vrai nombre de cent quatre-vingts degrés (1).
L'autre longitude (celle appelée australe,
Laquelle, assurément, est bien la principale)
Est dite héliocentrique ou bien géocentrique.
La dernière de ces deux dites longitudes,
Trouve sa mesure (c'est une certitude)
Sur cette partie de l'axe de l'écliptique,
Compris entre le point désignant le printemps
Et entre le cercle qui se trouve passant
Par l'astre et les pôles du susdit écliptique.
Cette vérité là, Lecteurs, est sans réplique.
Figure *deux*, on a, alors, *o a*, donnant
Absolument et puis encore exactement,
Des deux astres A' *prime* et A la longitude.
Du premier astre enfin, ladite longitude
Est appelée du nom de septentrionale,
Celle du second astre étant nommée australe.
Pour la première des deux dites longitudes,
Autrement dit celle qu'on nomme longitude
Héliocentrique, elle désigne l'ascension
Droite d'un astre et puis, se compte, avec raison,
D'occident en orient sur l'équateur céleste,
Depuis zéro degré (correspondant du reste

---

(1) Nous ferons remarquer ici que la recherche de la longitude forme le problème le plus important de la navigation, et en voici la raison : c'est parce que, par le calcul, on sait facilement combien chaque heure contient de degrés de longitude. Conséquences importantes qu'on peut en déduire...

Au point équinoxial de notre dit printemps),
Jusqu'au nombre de trois cent soixante degrés;
Alors elle comprend, tout naturellement,
Tout l'équateur céleste, en toute vérité.

42. — LATITUDE

En géographie on appelle *latitude*
L'exacte distance (c'est une certitude)
D'un lieu terrestre par rapport à l'équateur.
C'est l'axe du méridien d'un lieu toujours compris
Entre ce même lieu et ledit équateur.
Maintenant, tous les lieux qui se trouvent compris
Sur même méridien (chose très évidente),
Ont leurs latitudes tout à fait différentes;
Tandis que compris sur méridiens différents,
Ils peuvent quelquefois, avoir leurs latitudes
(Vérité qui devient une vraie certitude)
Égales entre elles. Par rapport, maintenant,
A l'équateur terrestre, elle devient australe,
Quand elle se trouve dans l'hémisphère austral;
Tandis qu'assurément on la dit boréale,
Du moment qu'elle est dans celui dit boréal.
Règle générale : toujours la latitude
D'un lieu terrestre égale, avec exactitude,
La hauteur du pôle par-dessus l'horizon
Dudit lieu en question. Mais comme nous savons
Qu'il nous faut forcément compter la latitude
De zéro degré à quatre-vingt-dix degrés,

Il faut en conclure : que la vraie latitude
D'un lieu doit égaler quatre-vingt-dix degrés,
Moins la distance de notre étoile polaire
Au zénith dudit lieu, vérité arbitraire
En astronomie la latitude d'un astre,
Est sa vraie distance à l'écliptique céleste;
Distance mesurée sur le grand cercle, au reste,
Qui, naturellement, doit passer par cet astre
Et par les deux pôles du susdit écliptique.
C'est une vérité tout à fait sans réplique.
La conclusion qu'il faut déduire du présent
Numéro et puis du numéro précédent,
La voici : c'est que les longitudes célestes
Et puis encore les latitudes célestes
Sont à l'écliptique, ce que les deux terrestres
Sont, certes, par rapport à l'équateur terrestre (1).
Dans la figure deux, nous avons *a*A' *prime*
Puis *a*A, qui, des deux astres A et A' *prime*,
Donnent assurément les deux vraies latitudes;
Absolue vérité, qui devient certitude.

---

(1) Nous ferons observer ici : que si les longitudes et les latitudes des corps célestes sont rapportées à l'écliptique, c'est parce que le dit écliptique forme une espèce d'équateur naturel pour les cieux, comme l'équateur terrestre pour la terre, l'un conservant sa position invariable par rapport aux étoiles, comme l'autre par rapport aux stations de la surface terrestre. Maintenant, remarquons qu'aux époques des deux équinoxes, les longitudes et les latitudes célestes et terrestres sont exactement les mêmes. De plus, faisons remarquer encore que lorsque la longitude et la latitude d'un lieu terrestre quelconque sont connues, sa position sur un globe terrestre est absolument connue,

43 et 44. — ASCENSION ET DÉCLINAISON

L'ascension droite astrale (étant toujours comptée
D'occident en orient, depuis zéro degré
Jusqu'au nombre de trois cent soixante degrés)
Est l'arc de l'équateur toujours intercepté
Entre l'unique point désignant le printemps
Et le point de jonction de l'équateur céleste
Avec le méridien de l'astre assurément.
Pour avoir, maintenant, sur la sphère céleste
D'un astre quelconque l'exacte position,
Il faut son *ascension* et sa *déclinaison*.
Cette dernière est la distance de cet astre
Au céleste équateur, laquelle est mesurée
Sur l'arc du méridien du susdésigné astre;
Lequel méridien est équatorial nommé.
D'où, il nous faut conclure, avec toute raison,
Que la véritable et pure déclinaison
D'un astre est pour les susdésignés corps célestes,
Ce que la latitude est pour les corps terrestres;
Puis est dite australe dans l'hémisphère austral,
Puis boréale dans celui dit boréal.
Enfin, toutes les fois que la déclinaison
D'un astre quel qu'il soit et puis son ascension
Droite nous sont connues, est facile à trouver
La position qu'il doit sur un globe occuper.
Ainsi, figure deux, pour cette occupation,
Nous avons l'arc *oa' prime* étant l'ascension

De l'astre A, *oa'' deux*, celle de l'astre A' *prime;*
Puis l'arc A*a' prime*, pour la déclinaison
De l'astre A, et enfin, par la même raison,
L'arc A' *prime a'' deux*, pour celle de l'astre A' *prime.*

45. — INCLINAISON D'UNE PLANÈTE

On nomme *inclinaison* d'un astre planétaire :
L'angle que le plan de son orbite peut faire
Avec le plan de notre écliptique terrestre.
Remarquons, maintenant, que cet angle du reste
Subit des variations, qui, naturellement,
Sont produites par la réciproque attraction
Des corps planétaires, c'est vraiment évident.
Enfin remarquons que, toutes ces variations
Et les inclinaisons planétaires nommées,
Par Lalande astronome ont été indiquées.

46. — PARALLAXE

Est dit parallaxe, tout angle étant formé
Au centre d'un astre, par deux lignes tirées :
L'une du centre de la terre assurément,
Et l'autre de l'œil de l'observateur étant
Placé sur sa surface; lesquelles lignes vont
Aboutir au centre dudit astre en question.
Tel est, dans figure un, l'angle dit PCA,
Qui n'est que la moitié de l'angle BCA...
Toutes les fois que l'astre occupe l'horizon

Appelé rationnel du lieu d'observation,
La parallaxe est la plus grande assurément (1),
Et devient nulle quand ledit astre en question
Occupe le zénith du point d'observation.
Voir notre exorde pour d'autres renseignements.

47. — ACCÉLÉRATION DIURNE DES ÉTOILES

Des étoiles, Lecteurs, l'*accélération diurne*
Désigne les degrés et parties de degré
Ou bien le temps réel (durant tout un temps diurne)
Dont leur lever et puis encore leur coucher,
Et leur passage à un méridien désigné
Avancent chaque jour. Il nous faut remarquer :
Que des étoiles la fausse accélération,
N'est qu'apparente et due à la révolution
Du globe terrestre d'occident en orient;
Cette accélération possède un mouvement
Journalier d'environ cinquante-neuf minutes
Cent trente-huit millièmes parties d'une minute

---

(1) Cet angle ne pouvant pas s'obtenir directement, faute d'avoir un lieu assez élevé sur le globe terrestre, il faut avoir recours au procédé suivant : ce procédé consiste à chercher la parallaxe de l'astre à son horizon visuel du soir, et puis, ensuite, à faire la proportion géométrique suivante : la quantité exacte de temps que cet astre a mis pour se rendre du zénith du point d'observation à son horizon visuel (tenant compte de la réfraction astronomique) *est* au temps qu'il faut pour se rendre à son horizon rationnel, c'est-à-dire à 6 heures de temps, *comme* l'angle d'observation visuel trouvé *est* à l'angle d'observation rationnel demandé. — Pour de nombreux renseignements sur la parallaxe des étoiles, consulter les pages 68 à 75 de nos *Notions d'astronomie*.

De degré, autrement trois minutes cinquante-
Six secondes de temps, désignant son avance (1).

48 et 49. — GÉOCENTRIQUE ET HÉLIOCENTRIQUE

Sont géocentriques toutes choses ayant
Rapport au firmament, la terre étant censée
Occuper le centre de tout le mouvement
Des corps dits célestes; ce qui, en vérité,
N'est qu'apparent et puis n'existe aucunement.
Tandis qu'au contraire, cela certainement
A lieu pour le Soleil, vraiment le centre unique
Du mouvement astral de notre tourbillon.
Alors toutes choses, avec toute raison,
Portent assurément le nom d'héliocentrique.

50. — RÉFRACTION ASTRONOMIQUE

Ladite *réfraction*, n'est que la déviation
Des rayons lumineux de tout corps dit céleste
Avant que d'arriver sur le globe terrestre;
Vérité absolue, pour tous sans exception.
Maintenant, chers Lecteurs, nous ferons observer
Cette autre vérité, qu'aucun de nous peut nier :
Plus notre atmosphère est chargée d'humidité,

(1) Ces nombres, en effet, sont la 365,25 centième partie; le premier de 360° et le deuxième de 24 heures. D'après cela, tous les ans, à la même époque, chaque méridien terrestre devrait donc toujours correspondre avec les mêmes points du ciel ; ce qui cependant n'a pas lieu, à cause du mouvement de translation du Soleil dans l'espace, ainsi qu'il en sera fait mention au n° 59, article Soleil.

Plus est grande cette déviation désignée (1);
Laquelle déviation nous fait assurément,
Toujours voir les astres beaucoup plus élevés,
Par-dessus l'horizon qu'ils ne le sont vraiment.
D'où nous devons conclure, en toute vérité,
Que toujours leur lever a lieu quelque moment
Après leur faux lever, purement qu'apparent;
Le contraire pour son coucher se produisant.
Un bâton mis dans l'eau, nous donne assurément
Une juste idée de ladite réfraction.
Règle générale : plus près de l'horizon
Sont les astres, plus est grande leur réfraction;
Laquelle devient nulle, ayant leur position
Au zénith du lieu qui par nous est occupé.
Très grande vérité, par nous tous acceptée.

---

(1) D'après cela, nous devons comprendre qu'il nous est impossible, pour toutes les epoques d'une année, d'un mois et même d'un jour, de donner dans un tableau l'*exacte réfraction* que subit un rayon lumineux avant d'arriver jusqu'a nous. C'est pourquoi nous avons renoncé à faire figurer dans ce Poème, la table de réfraction astronomique désignée a la page 79 de nos *Notions d'astronomie*, etc., dont cet écrit est entièrement extrait; laquelle table de réfraction offre peu d'intérêt, du moment que nous pouvons trouver cette *exacte réfraction*, par le procédé suivant, au moment même de l'operation. Pour cela, il suffit de connaître l'heure *exacte* du passage de l'astre au méridien du lieu où doit se faire ladite opération. Ce procedé le voici : c'est de calculer la difference qui existe entre l'angle *visuel* d'un astre et celui qu'il devrait avoir, si la refraction n'existait pas. Ce qui nous est des plus faciles, du moment que nous savons que les astres sont censes parcourir 360 degrés par 24 heures et par conséquent 90 degrés toutes les six heures, 15 degrés par chaque heure, 15 minutes de degre par chaque minute de temps, etc. D'après cela, un astre quelconque (principalement les étoiles), une heure après son passage au méridien zénithal du point d'observation, devrait naturellement, avec le plan dudit méridien, former à l'œil de l'observateur, un angle égal à 15°, ce qui n'a jamais lieu, à cause de la réfraction astronomique, cet angle se trouvant toujours plus petit Ce serait donc cette différence qui ferait connaître la valeur de cette réfraction ..

51 et 52. — RÉPULSION ET ATTRACTION

L'effet des forces qui tendent à éloigner
Deux corps l'un de l'autre, se nomme *répulsion*,
Et, dans le cas contraire, il s'appelle *attraction*.
D'où il doit résulter, que nous devons donner
Aux premières forces, le nom de *répulsives;*
Et puis aux dernières, le vrai nom d'*attractives*.
Maintenant, chers Lecteurs, disons que la matière
A trois états divers, qu'il nous faut désigner :
Gazeux, liquide et puis solide (le plus dense);
Lesquels états sont dus à la prédominance
De l'une ou de l'autre des forces en question.
Observons encore, que ladite attraction
Est dite universelle ou bien gravitation,
Dès lors qu'à distance se produit son action;
Puis est, tout uniment, dite moléculaire;
Lorsqu'elle se produit qu'au contact, au contraire.
La première de ces deux dites attractions
(Il faut le reconnaître, avec toute raison)
Est naturellement, le vrai principe unique
Des phénomènes qui sont dits astronomiques.
Le mouvement certain et la disposition
Des corps dits célestes, de notre tourbillon,
Suffisent pour nous en donner la conviction.
Enfin, disons que la puissance d'attraction
Des corps, en général, dépend de la distance
Qui sépare ces corps d'avec les autres corps,

Ainsi que du volume absolu desdits corps;
Et principalement (c'est de toute évidence)
De leur vraie richesse fluidique, en vérité,
Autrement de leur plus ou moins de pureté.

53 et 54. — FORCES CENTRIFUGE ET CENTRIPÈTE

La *force centrifuge*, est la force qui tend
A éloigner un corps absolument mobile,
Du centre autour duquel a lieu son mouvement.
Cette force est d'autant plus grande que l'orbite
Décrite par le corps ci-dessus désigné,
Possède un plus petit diamètre, en vérité.
La deuxième, autrement la *force centripète*,
Est de la première tout à fait l'opposé.
D'où résulte cette sublime vérité :
C'est que les forces cen-trifuge et centripète,
Sont les seules censées retenir les planètes,
Dans l'orbite que ces mêmes dites planètes
Décrivent autour de notre globe solaire.
Enfin, de ces forces c'est vraiment la première,
Qui, jointe à l'attraction solaire et puis lunaire,
Ont dû jadis, d'une manière régulière,
Produire à l'équateur, un certain renflement;
Lequel a dû causer, tout naturellement,
A chacun des pôles, son aplatissement.
Tout cela, chers Lecteurs, est conforme au bon sens.

55. — MATIÈRE ET FLUIDE

Se nomme *matière*, tout ce qui peut produire
Tout un ensemble de sensations bien connues
Sur tous nos organes; vérité absolue
Que, naturellement, rien ne peut contredire.
Solide, liquide, vaporeux et gazeux
Sont ses divers états visibles à nos yeux,
Et de plus les seuls qui puissent se mesurer,
Et, de plus encore, qui puissent se peser.
Pour son cinquième état ou son état fluidique,
Il est impondérable et nous est invisible.
En effet, toutes nos expériences physiques
Nous ont rendu cette vérité très sensible.
Enfin, la matière, qui se trouve vraiment
Unie à des fluides plus ou moins différents,
Sans aucun doute, a des propriétés différentes,
Que nous appellerons, pour les plus importantes :
Attraction, cohésion, répulsion et chaleur;
Puis activité, son, lumière, odeur, saveur...
Concernant les fluides, ils sont impondérables
Et puis sont les suivants, quant aux plus remarquables :
Le fluide lumineux, fluide calorifique,
Le fluide électrique soit ou non lumineux,
Et pour en terminer, le fluide magnétique.
Ces fluides sont les seuls (c'est vraiment malheureux)
Connus de nos savants; mais il faut supposer
Que beaucoup plus doivent à coup sûr exister.

56. — LUMIÈRE ET CHALEUR

On nomme *lumière*, le fluide lumineux
Et de plus éclairant, procurant à nos yeux
La visibilité. La lumière est directe
Pour tous astres et corps lumineux par eux-mêmes;
Et puis, certainement, elle est dite indirecte
Pour les planètes et les corps qui par eux-mêmes
Ne sont pas lumineux. Mais qu'elle soit directe
Ou bien que réfléchie, c'est-à-dire indirecte,
Elle doit parcourir, d'après tous nos savants,
Soixante-dix mille lieues par chaque seconde.
Deux hypothèses sont, par les mêmes savants,
Faites sur la lumière, et des deux la seconde
Est dite d'émission, l'autre d'ondulation,
Étant également dite de vibration (1).
Pour sa composition, nous ferons remarquer
Que l'homme est parvenu à la décomposer,
En la recevant sur un véritable écran
Placé dans une chambre, obscure absolument;
Dans laquelle il a eu l'admirable pensée
De la faire rentrer par un petit trou fait
A l'un de ses châssis parfaitement fermés,
Et puis, en même temps, après lui avoir fait
Traverser sensément un prisme tout en verre.
Avec ces conditions, la lumière solaire

(1) Pour de nombreux renseignements à cet égard et sur les différentes lumières qui nous sont connues, consulter les pages 85 à 88 de nos *Notions d'astronomie*.

Nous donne sept couleurs qui sont exactement
En tout temps les mêmes, puis sont également
Toujours semblablement disposées sur l'écran.
Concernant tous leurs noms, ces noms sont les suivants :
Violet, indigo, bleu, vert, jaune, orange et rouge.
Maintenant, il nous faut remarquer que le rouge,
Le moins réfrangible, se trouve le dernier;
Tous les autres, sans doute, étant jusqu'au premier
Dans l'ordre vrai de leur réfrangibilité.
Tout l'ensemble de ces couleurs est appelé
Spectre solaire, et puis, se nomme *spectre astral*
Pour la lumière des astres en général;
Pour celles de la terre, il est uniquement
Appelé le *spectre lumineux* seulement.
Une humble observation, tout à fait capitale,
Est à faire ici, c'est : qu'en thèse générale,
Tout spectre quelconque se trouve traversé
Par un très grand nombre de lignes sur l'écran,
Qui toutes sont noires et sont exactement
Toujours dans le même ordre absolument placées,
Pour chaque genre de lumière possédant
Tout à fait la même composition chimique;
Cette disposition doit donc exactement
Se rapporter à la composition chimique
Du corps qui la produit. Maintenant, nous devons
Comprendre, amis Lecteurs, que la composition
Des astres dans les cieux doit nous être connue;
Sublime vérité tout à fait absolue.
Nous allons maintenant parler de la *chaleur*,

Appelée calorique ou fluide réchauffant;
Puis, nous dirons comment se produit la chaleur
Et puis la lumière solaire seulement,
Sur un globe terrestre et surtout notre terre.
Maintenant, quelle est la pure définition
Que nous pouvons donner, avec toute raison,
De la chaleur qui se produit sur notre terre?
Cette définition doit être assurément
Celle-ci : c'est qu'elle est, des corps en ignition
La vraie conséquence. D'où, naturellement,
Nous devons en tirer cette vraie conclusion :
C'est que la chaleur a, tout naturellement,
Comme la lumière des degrés différents
D'intensité, depuis la chaleur du foyer
Jusqu'à la plus grande, que tous nous préférons,
Autrement dit celle du Soleil, *seul* foyer,
Vrai régénérateur de notre tourbillon.
Nous allons, maintenant, dire notre opinion
Sur ce qui cause la réelle production
De la chaleur et de la lumière solaires
Sur notre tout petit globe appelé la terre (1).
Cette juste opinion, tout naturellement,
Dans ce seul principe consiste uniquement :
C'est que l'une et l'autre sont la vraie conséquence

---

(1) Pour pouvoir se former une juste idée de la grosseur *relative* des huit planètes principales comprises dans notre système solaire, consulter les figures 4 à 11 groupées ensemble et donnant en outre la position exacte de leurs axes et de leurs équateurs, par rapport à l'axe et l'equateur solaires, qui sont ponctuées.

De la combinaison de tous rayons solaires,
Avec molécules de tout notre atmosphère.
Vérité rationnelle et de toute évidence,
A cette condition que les deux éléments (1),
Que nous reconnaissons être ses composants,
Soient *combinés entre eux*, et, dans le cas contraire :
A la combinaison de tous rayons solaires
Avec l'oxygène du susdit atmosphère.
Dans ce cas, l'azote, compris dans l'atmosphère,
Aurait pour vrai but de calmer (cela s'explique)
L'intensité lumi-neuse et calorifique
De cette dernière combinaison citée;
Laquelle, sans cela, serait insupportable
Pour tous les habitants de notre humanité;
Vérité rationnelle et puis indiscutable.
Le très grand mérite d'une telle opinion,
C'est d'être assurément toute une *innovation*;
Laquelle *innovation* a l'immense mérite
De faire comprendre à tout Être qui médite,
Que l'intensité de la lumière solaire
Et puis de la chaleur également solaire,
Qu'un globe terrestre peut enfin éprouver,
Dépend *aucunement* de son éloignement
(Qui peut assurément être plus ou moins grand)
Du globe solaire, chargé de l'éclairer...

---

(1) Ces deux éléments sont l'oxygène et l'azote, dans les proportions de 20,8 d'oxygène et 72,2 d'azote, plus 4 à 6 dix-millièmes d'acide carbonique, déduction faite de la vapeur d'eau que notre atmosphère peut contenir et dont la quantité n'est pas toujours la même.

Vérité inconnue de nos très chers ancêtres,
Et, disons-le ici (non sans le regretter),
De la trop grande, hélas ! majorité peut-être,
De nos *savants actuels*, chargés de renseigner
Notre espèce humaine sur ce fait important,
Qui prouve l'*infinie bonté* du TOUT-PUISSANT (1).

57. — FLUIDES ÉLECTRIQUE ET MAGNÉTIQUE

Le *fluide électrique* produit tous les effets
De l'électricité ; il est impondérable
Et puis invisible. Cet agent, appréciable
Tout naturellement que par ses seuls effets
Physiques, chimiques ou bien physiologiques,
Paraît être la cause à très peu près unique
(Physiquement parlant) de la gravitation
Et de plus, encore, de la vraie attraction.
C'est à ce dit fluide, que l'on doit les éclairs,
Puis la grêle, la pluie, la neige et le tonnerre.
Sa vitesse est de plus de deux cent mille lieues
Par seconde, et puis sa lumière et sa chaleur
Égalent celles de notre Soleil radieux.
En effet, avec lui, l'on obtient la chaleur
Toute la plus grande que nous puissions produire.

---

(1) Consulter les numéros 1 et 3 du *Complément* de nos *Notions d'astronomie scientifique, psychologique et morale*, lesquels donnent des preuves indiscutables, que l'*innovation* dont il est question dans cet article, est absolument conforme à la réalité. Au surplus, le seul *sens commun* suffit pour le faire comprendre, vu les conséquences essentiellement rationnelles et sensées, qui certainement en résultent.

Cette chaleur est telle, il faut en convenir,
Qu'aucun corps matériel ne peut lui résister;
Aussi, les voyons-nous *tous* se volatiser
Sous sa seule influence, fondant subitement,
Autant que la neige dans un foyer ardent.
Reconnaissons, enfin, que très probablement
C'est à ce dit fluide qu'est dû le mouvement
Des corps dits célestes, dans l'étendue des cieux;
Sous la surveillance des *Messagers* de DIEU...
Le *fluide magnétique* est, en réalité,
Le fluide contenu dans les corps aimantés,
Nommés pierres d'aimants ou aimants naturels,
Pour ceux que nous trouvons à l'état naturel (1).
Sur le fer se produit sa plus grande puissance
D'attraction; seulement, cette dite puissance
Est inégale entre les aimants différents.
Ainsi, pour quelques-uns, quelle que soit leur grosseur,
Elle peut être très minime assurément;
Tandis que, pour d'autres de semblable grosseur,
Elle peut plus ou moins être considérable;
Peut même soulever (ce qui, est véritable)
Un poids de cent kilos. Enfin, reconnaissons
Que, très probablement, c'est à ce même fluide
Qu'il nous faut attribuer le pur état solide
Des corps matériels, et, avec toute raison,

---

(1) Ces aimants se trouvent en masses plus ou moins considérables en Suède, Norwège, île d'Elbe, Siam, Chine, îles Philippines, etc. Ils sont ordinairement compacts, quelquefois granuleux et même écailleux; ayant une couleur grise plus ou moins foncée et formant une poussière noire.

Qu'ildoit, sans aucun doute, être par conséquent
De la vraie cohésion le principal agent.

58. — NOMENCLATURE DES ASTRES EN GÉNÉRAL

De tous astres compris dans toute la nature,
Nous allons désigner la vraie nomenclature.
D'abord, il faut parler du système solaire,
Celui qui, chers Lecteurs, comprend assurément,
Les astres contournant notre globe solaire (1);
Lesquels, en commençant par le plus important,
Sont ceux que, maintenant, nous allons désigner.
PRIMO. *Soleil*, le seul astre qu'on peut citer
Comme *régulateur* de notre tourbillon,
En occupant le centre, avec toute raison.
SECONDO. *Astres* dits *planètes principales*,
Contournant le Soleil, en règle *générale*,
Et qui sont, d'après leur plus grand rapprochement
Dudit Soleil : Mercure et Vénus, puis la terre,
Enfin Mars, *Petites* Planètes, Jupiter,
Saturne, Uranus et Neptune, assurément
La plus éloignée de celles qui sont connues.
TERTIO. Les *planètes* appelées *secondaires*,
Ou celles qui tournent tout autour des primaires,
Dites principales; toutes celles connues
Portant le nom de *lune* ou bien de *satellite*.

(1) Pour se former une idée exacte de notre Système solaire, consulter la figure 3, qui le représente et donne les distances *relatives* des orbites de nos huit planètes principales, y compris la terre, etc.

Quarto. Les *Comètes,* parcourant des orbites
Qui, généralement, sont des plus elliptiques,
Et puis sont, ensuite, dites parabolliques.
Quinto. Les *Étoiles filantes* comprenant
Les corps dits *Bolides* et puis *Astéroïdes,*
Portant également le nom d'*Aérolithes.*
Sexto. Les *Étoiles* tout à fait véritables
Et indépendantes de notre tourbillon;
A coup sûr, elles sont absolument semblables
Au Soleil, comme lui ayant leur tourbillon.
Telle est, amis Lecteurs, la vraie nomenclature
De tous astres compris dans toute la nature.
Tout d'abord il faudra, quant à leurs éléments,
Consulter les tableaux synoptiques suivants :
Lesquels font connaître tous leurs dits éléments;
Du moins ceux qui sont tout les plus importants.
Nous ferons exception pour l'astre bienfaisant
Qui nous éclaire et puis réchauffe en même temps,
Du moment que, dans les tableaux susdésignés,
Ses divers éléments ne sont pas mentionnés.

NOTA. — Les articles que nous allons traiter maintenant, chers et bien-aimés Lecteurs, seront les suivants, exactement dans l'ordre qui leur est assigné ici : 59. Soleil ; 60. Mercure ; 61. Vénus ; 62. Terre ; 63. Lune ; 64. Mars ; 65. Petites planètes ; 66. Jupiter et ses quatre satellites ; 67. Saturne et ses huit satellites ; 68. Uranus et ses quatre satellites ; 69. Neptune et son satellite, le seul qui nous est connu ; 70. Comètes ; 71. Étoiles filantes ; 72. Étoiles. Conclusion ; Figures astronomiques à l'usage de ce Poème ; lesquelles termineront ledit Poème.

Seulement, auparavant, nous allons donner, dans les quatre pages suivantes, quatre tableaux synoptiques contenant les principaux éléments de nos huit planètes principales, ainsi que leurs satellites ; le dernier tableau contenant d'importants renseignements sur notre globe terrestre. Ces tableaux ne contenant pas les éléments du globe solaire, nous les désignerons tout spécialement dans l'article le concernant.

NOMS des Planetes	DIAMETRE		SURFACE	VOLUME	ROTATION		RÉVOLUTION	
	Compare a celui de la terre	Reel en metres	comparée a celle de la terre	compare a celui de la terre	Reelle	Comparée a celle de la terre	Reelle	Comparée a celle de la terre
Mercure. . . .	0f391	4,978,530m	0f153	0f060	24h 5m 28s	1f004	87j9693	0f25
Vénus.	0,985	12,541,810	0,970	0,957	23 21 70	0,973	224,7008	0,63
Terre	1,000	12,732,814	1,000	1,000	23 56 40	1,000	365,2564	1,00
Mars.	0,519	6,608,330	0,270	0,140	24 39 21	1,027	686,9796	1,92
Jupiter	11,225	142,925,838	126,000	1,414,350	9 55 45	0,414	4,332,5848	11,87
Saturne	9,022	114,875,448	81,396	734,359	10 16 00	0,428	10,749,2198	29,48
Uranus	4,334	55,311,344	18,870	81,972	»	»	30,686,8208	84,25
Neptune. . . .	4,719	60,086,150	22,278	105,087	»	»	60,126,7200	164,62

NOMS des Planètes	DISTANCE moyenne du Soleil en lieues de 4 kilomètres	VALEUR des orbites en lieues de 4 kilomètres	VALEUR moy. en mètres de l'angle visuel de 1" de degré	MOYEN mouvement diurne en secondes de degré	Lieues de 4 kilom. parcourues dans son orbite par		Inclinaison des orbites sur l'orbite terrestre	DURÉE des saisons
					Jour	Minute		
Mercure. . .	14,781,852	92.877,332	286,660m	14,732",419	1,055,7841	7331	7°,0',8"	22j
Vénus. . . .	27,615,708	173,515,016	535,540	5,767,670	772,205	536	3.23,35	56
Terre	38,196,000	239,993,107	740,720	3,548,193	637,065	456	0, 0, 0	3m,00
Mars.	58,210,704	365,749,495	1,128,564	1,886,518	532,402	370	1,51, 2	5,22
Jupiter. . . .	193,004,378	1,248,684,137	3,853,960	299,129	288,208	200	1,18,40	2a.11,18
Saturne . . .	364,351,644	2,289,294,249	7,065,720	120,455	212,775	148	2,29,28	7,4,15
Uranus . . .	732,599,280	4,603,067,796	14,206,996	42,233	150,001	104	0,46,30	21,0,22
Neptune. . .	1,147,407,840	7,209,392,940	22,251,212	21,554	119,843	83	1,46,59	41,1,26

Noms des planètes avec le 1/2 diam. en mètres.	Satellites des Planètes.	Distances moyennes le 1/2 diamètre de la Planète étant 1.	Réelles en lieues.	Durées des révolutions en jours et parties de jour.	Époques de leurs découvertes.
Terre $6,366,407^{m}$	1 Lune.....	$59^{f},87^{cf}$	$94,066^{l}$	$29^{j},458^{m}$	De toute antiquité.
Mars $3,304,167^{m}$	1er »	$1^{f},16^{c}$	958^{l}	$0^{j},318^{m}$	18 août 1877
	2e »	2,91	2,403	1,260	à Washington.
Jupiter $71,462,919^{m}$	1er Io.......	$6^{f},049^{m}$	$107,500^{l}$	$1^{j},769^{m}$	
	2e Europa....	9,623	170,500	3,551	Du 7 au 13
	3e Ganimède..	15,350	272,000	7,155	janvier 1610
	4e Callisto ...	26,998	478,500	16,689	
Saturne $57,437,724^{m}$	1er Mimas ...	$3^{f},35^{c}$	$51,750^{l}$	$0^{j}.943^{m}$	17 sep. 1789
	2e Encelade ..	4,30	66,400	1,370	28 août 1789
	3e Thêtis....	5,28	82,200	1,888	Mars 1684
	4e Dione	6,82	105,300	2,739	dito dito
	5e Rhéa.....	9,52	147,100	4,517	23 déc. 1672
	6e Titan.....	22,08	341,000	15,945	25 mars 1655
	7e Hypérion ..	26,78	412,500	21,297	Sept. 1848
	8e Japhet....	64,36	991,000	79,330	Octobre 1671
Uranus $27,655,672^{m}$	1er Ariel....	$7^{f},134^{m}$	$49,250^{l}$	$2^{j},520^{m}$	Janvier 1789
	2e Umbriel...	9,938	68,750	4,144	dito dito
	3e Titania ...	16,301	115,000	8,706	Février 1790
	4e Obéron....	21,797	150,000	13,463	Mars 1794
Neptune $30,040,075^{m}$	1 »	$13^{f},06^{c}$	$100,000^{l}$	$6^{j},877^{m}$	Août 1847

SECTION supplémentaire	GÉNÉRALITÉ sur la surface océanique et continentale de notre globe terrestre				
CINQ CONTINENTS	**Population en millions d'habitants**	**Densité au kil. car.**	**Rapport à la population totle**	**Superficie en millions de kil. car.**	**Rapport à la superficie totale**
Europe......	326,6	34,7	22	9,4	1,8
Afrique	203,7	6,7	14	30,3	6,0
Asie.........	781,2	18,7	55	41,7	8,2
Océanie	36,3	3,3	3	10,9	2,1
Amér. Nord.	58,9	2,4	4	24,5	4,8
Amér. Sud..	26,6	1,4	2	19,2	3,8
TOTAUX des cinq continents.....	1,433,3	»	100	136,0	26,7

LES CINQ OCÉANS	Superficie, etc.	Rapport, etc.
Océan glacial du Nord............	11,0	2,1
Dito du Sud (avec les terres polaires)	20,0	3,9
Océan Atlantique	100,0	19,6
Océan Indien.....................	68,0	13,3
Grand Océan ou Océan Pacifique ..	175,0	34,4
TOTAUX des cinq Océans...	374,0	73,3

ÉTATS DE LA TERRE, y compris leurs colonies, ayant une population de plus de 40 millions d'habitants ou une superficie de plus de 5 millions de kilomètres carrés.

NOMS DES ÉTATS	Population en millions d'habitants	Superficie en millions de kilom. carrés
Empire Britannique ...	277	22,7
Empire Russe	87	21,8
Empire Chinois	426	11,2
États-Unis........	39	9,5
Brésil	11	8,3
Empire Turc......	45	5,4
France	42	1,2
Empire Allemand..	43	0,5

59. — SOLEIL

L'astre radieux que nous appelons le Soleil,
Dans notre tourbillon à nul autre pareil,
Nous donne la lumière et de plus la chaleur;
Deux fluides bienfaisants, qui, pour notre bonheur,
Vivifient la Terre qui nous sert de demeure,
Et de laquelle il est le régénérateur;
L'étant également pour tous les autres astres
De notre tourbillon. De plus, de tous ces astres
Il occupe le centre, et est la cause unique
De tous les mouvements que sur terre on explique.
Tels sont les vents et puis les *modifications*
Que notre atmosphère subit par son action;
Ces dernières, pour nous, produisant la lumière,
Et, de plus, la chaleur sur notre terre entière.
C'est encore à l'action dudit globe solaire
Qu'est dû, c'est évident, l'évaporisation
Des eaux de la mer qui, en circulant dans l'air
Sous forme de nuages, comme il est de raison,
Produit la pluie, laquelle en tombant sur la terre
Y forme des ruisseaux, qui finissent par faire
Des rivières et puis, des fleuves retournant
Dans le grand lac salé, la mer assurément.
Enfin, reconnaissons que c'est sa seule action
Qui produit toutes les grandes perturbations
Subies par la matière
Dans la nature entière.

Le Soleil nous paraît avoir deux mouvements
Qui dans le ciel, pour nous, sont des plus apparents.
Le *premier*, ayant lieu d'orient en occident,
Est uniquement dû, cela c'est évident,
A la vraie rotation diurne de notre terre;
Tandis que le *second*, pour nous, paraît se faire
Du nord au sud et du sud au nord, dans le cours
D'un an, nous paraissant descendre et puis monter
Durant ce laps de temps. Assurément toujours
Ce dernier mouvement, facile à observer,
Est très peu apparent pour un court intervalle,
Le contraire ayant lieu, en règle générale,
Dans le cours d'une année. Ce second mouvement
Est uniquement dû, tout naurellement,
A l'obliquité de l'axe appelé terrestre,
Par rapport à l'orbite absolument céleste
Que la terre décrit dans une année entière,
En ayant, en tout temps, ses deux pôles tournés
Vers notre firmament de la même manière (1).
Ce mouvement, enfin, par nous est appelé,
Avec toute raison, *déclinaisons solaires ;*
Lesquelles sont toujours (chose très arbitraire)
En rapport avec la susdite obliquité (2).
Maintenant, chers Lecteurs, deux autres mouvements,
Qui sont pour le Soleil une réalité,

(1) Pour en avoir la preuve, examiner la figure 12 de ce Poème.

(2) Pour de nombreux et importants renseignements à cet égard, consulter nos *Notions d'astronomie*, pages 92 à 94.

Ont lieu assurément, quoique moins apparents :
Ce sont sa rotation et sa révolution;
L'un et l'autre commun, avec toute raison,
Aux corps dits célestes, infiniment nombreux
Dans l'espace sans fin ou l'étendue des cieux.
Le premier s'accomplit en vingt-cinq jours, cinq heures
D'occident en orient; son second, qui d'ailleurs
N'est apparent qu'à des intervalles vraiment
Absolument longues, est son déplacement
Tout à fait régulier dans l'espace sans fin.
Par ce déplacement, absolument certain,
Le Soleil nous paraît devoir se rapprocher
D'une des étoiles de la constellation
Appelée l'Hercule; celle que nous nommons
L'étoile μ. Alors, nous devons supposer
Que le Soleil dans notre immensité décrit
Une révolution, laquelle il accomplit
En vingt-six mille années; ce nombre est calculé
D'après le mouvement ci-dessus désigné.
Comme constitution, le Soleil doit avoir
(Le plus simple bon sens doit nous le faire croire)
Une matière qui doit être assurément
Beaucoup plus épurée, tout naturellement,
Que celle de tous ses satellites nombreux,
Et de plus, ensuite, cet astre lumineux
Doit être actuellement, ce qu'ont été jadis
Notre globe terrestre et tous astres compris
Dans notre tourbillon ou système solaire,
C'est-à-dire un vrai corps fluidique incandescent;

Pour nous, cela paraît tout à fait évident (1).
Maintenant, chers Lecteurs, quant aux taches solaires,
Autres que celles dues à l'interposition
De Mercure et Vénus entre l'astre radieux
Et puis la terre et que la moindre observation
Nous fait reconnaître, l'on ne peut faire mieux
Que d'admettre cette rationnelle croyance,
Qui nous paraît être d'une entière évidence:
C'est que probablement (c'est à peu près certain)
Elles doivent être la conséquence enfin,
De la chute de corps étrangers et célestes
Sur la surface de notre globe solaire (2).
Cette opinion, pour nous, est vraiment arbitraire
Et, de plus, nous paraît très rationnelle au reste.
Quant à la grandeur des taches susdésignées,
Certainement elle doit être occasionnée
Par l'inévitable et vrai refroidissement
Qu'autour d'eux ils doivent produire assurément.
Nous allons, maintenant, terminer cet article

---

(1) Quant aux éléments du Soleil, ils sont les suivants : son diamètre égale 112 fois et soixante millièmes de fois celui de la terre, ou bien 1,426,839 kilomètres environ; sa surface est 12,557 f. 444 m. f. celle de notre terre; son volume 1,407,187 f. 130 m. f le volume de notre dite terre. Sa plus grande distance de la terre est de 38,832,600 lieues, de quatre kilomètres chacune; sa moyenne distance de 38,190,000 lieues; sa moindre distance de 37.559,400 lieues Sa rotation sur lui-même dure 25 jours 5 heures; sa révolution s'accomplit en 20,000 années environ; sa lumière nous parvient en 9m 5s, 658 millièmes parties d'une seconde de temps.

(2) Ces corps, sans aucun doute, doivent être des Aérolithes, qui se trouvent circuler en quantité innombrable autour de notre globe solaire et dont quelques-uns (tout à fait les plus petits) parfois tombent sur notre terre; puis d'autres peut-être encore, qui nous sont inconnus...

Par cette conclusion, que la raison explique:
C'est que nos sérieuses connaissances actuelles
Nous permettent de faire, avec toute raison,
Cette admirable et puis sublime réflexion,
Consistant à dire qu'il est très rationnel,
D'admettre le Soleil comme étant habité
Par tous les Esprits *purs;* les plus considérés
De notre système solaire ou tourbillon,
Dont sans doute ils ont la haute administration.
Pour nous, cette croyance est une vérité
Que le bon sens nous a de tout temps imposée,
Et notre conviction, est que tous nos Lecteurs
Penseront comme nous, absolument d'ailleurs.

60. — MERCURE

De nos huit planètes, la planète Mercure
Est la plus petite, puis la plus rapprochée
De notre astre radieux. Sa lumière observée,
Nous paraît quelque peu scintillante à coup sûr.
Quand cette planète se dégage le soir
Des rayons du Soleil, lorsque nous pouvons voir
Ce dernier se coucher quelque temps avant elle,
Sa marche (laquelle est absolument réelle)
Se trouve dirigée d'occident en orient
Par rapport aux autres astres du firmament.
Cette planète, enfin, nous paraît stationnaire,
A l'époque de sa plus grande élongation
(Voir figure treize); puis nous l'apercevons

Avoir un mouvement, qui nous paraît se faire
D'orient en occident, ce qui n'est qu'apparent.
Durant un certain temps, ce susdit mouvement
Paraît se produire, puis ladite planète
Disparaît pour quelqu'un dépourvu de lunette,
Étant replongée dans la lumière nommée
Crépusculaire. Enfin, si, passé quelques jours,
On regarde le point du ciel où le lever
Du Soleil doit se faire, on aperçoit toujours
Un astre paraissant avoir un mouvement
Rétrograde, ou allant d'orient en occident;
Puis paraît s'arrêter et après peu de temps,
Il paraît reprendre son réel mouvement
D'occident en orient, ce qui, en vérité,
Est très certainement la vraie réalité (1).
Disons ici, Lecteurs, que, vue de notre terre,
L'entière oscillation de l'astre planétaire,
Varie de cent six à près de cent trente jours,
Et comprend plus d'une révolution entière
Par rapport au Soleil. Partie supplémentaire
Occasionnée en plein, par le réel parcours
Du globe terrestre, dans son orbite enfin.
Cela, certes, paraît évident et certain.
Quand Mercure est entre nous et puis le Soleil,
Un point noir remarquable, à nul autre pareil,

(1) Pour pouvoir apprécier convenablement les divers mouvements, tant apparents que reels dans leur orbite, des deux planètes Mercure et puis Venus (dites planètes inférieures, parce qu'elles ont chacune leur orbite enfermé dans celui de la terre), il faut forcément consulter la figure 13 de ce Poème.

Alors se produit sur notre astre lumineux;
Lequel point, en entrant par le bord oriental,
Finit par ressortir par bord occidental,
Traversant, dans ce cas, de l'astre lumineux
La surface en entier, avec un mouvement
Tout à fait semblable à celui qu'auparavant
Mercure avait lui-même; ensuite, la grosseur
De l'astre avant qu'on le perde de vue le soir,
Est très exactement celle dudit point noir.
Tout cela nous prouve très clairement, Lecteur,
Que le susdit point noir est bien occasionné
Par l'interposition ci-dessus désignée.
Enfin, pour terminer, disons qu'il faut toujours
Au point noir en question, près de quatorze jours
Pour passer d'un bord à l'autre bord opposé;
Ainsi que des savants l'ont fort bien calculé.
Une atmosphère sur la planète Mercure
Nous est certes prouvée par ses bandes obscures
Qui se produisent sur son disque lumineux;
Lesquelles éprouvent des changements nombreux
D'éclat, qui doivent sur sa surface visible,
Produire des chaleurs diverses très sensibles.
Ladite atmosphère est également prouvée
Par son auréole plus ou moins éclairée,
Pendant tout le temps que sur notre Soleil dure
Le lent passage de la planète Mercure.
Concernant les phases dudit astre en question,
Nous ferons remarquer, avec toute raison,
Que son rapprochement de l'astre lumineux

Et sa faible grosseur sont cause que nos yeux
Ne peuvent les voir que très difficilement.
Ce sont, malgré cela, ces phases qui nous ont
Permis de distinguer sur Mercure des monts
Fort nombreux et, de plus, qui sont très élevés.
Reconnaissons, enfin, cette autre vérité :
C'est que l'astre en question, doit aussi posséder
Des volcans. Plusieurs points lumineux observés
Sur son disque obscure, suffisent pour prouver
Cette remarquable et sublime vérité.
Disons encore que, ces points ayant paru
S'écarter de ces bords, nous en avons conclu :
Que l'astre doit avoir un réel mouvement
Sur lui-même; cela, c'est vraiment évident (1).
Maintenant, chers Lecteurs, faisant le relevé
Très exactement des nombreuses vérités
Émises ci-dessus sur cet astre en question,
Nous est-il permis d'émettre l'opinion
Que cette planète, de même que la terre,
A ses vraies rivières, ses fleuves et ses mers,
Et puis ses montagnes, ainsi que ses volcans ?...
Ce sentiment admis, pouvons-nous sensément
Douter un seul instant, qu'elle a également
Quatre règnes divers, lesquels sont les suivants :

---

(1) Concernant les principaux éléments de Mercure et de toutes les planètes en général, y compris notre terre, consulter les tableaux des pages 68 à 70 de ce Poème ; lesquels tableaux nous permettront de ne parler aucunement des éléments des planètes dans les articles suivants, se rapportant à ces dites planètes.

D'abord, pour commencer, le règne minéral,
Puis vient le végétal, puis le règne animal,
Et celui qui, enfin, est humain appelé;
Chacun, sans aucun doute, étant approprié
A sa nature qui, d'après notre raison,
Doit être inférieure à celle de notre terre,
Soit comme épuration et comme progression,
Dans la vraie hiérarchie des mondes planétaires
De notre tourbillon ou système solaire.
Pour nous, ces vérités, certes, sont arbitraires.
Voyez, *examinez* et *jugez* maintenant,
Si notre sentiment est conforme au bon sens?...

61. — VÉNUS

Vénus, comme Mercure et même davantage,
Comme les étoiles scintille dans le ciel.
Cet astre admirable, possède l'avantage
D'être enfin l'un des plus brillants dans ledit ciel,
Où, il nous apparaît, avec une splendeur
Vraiment admirable par sa forte grosseur,
Qui, naturellement, n'est que la conséquence
De son rapprochement, c'est de toute évidence.
Quant à ses éléments, voir premier et deuxième
Tableau synoptique de ce présent Poème.
Vénus, comme Mercure, a très exactement
Les mêmes mouvements tout à fait *apparents*,
Mais bien plus grandement. Maintenant pour avoir
Une idée très exacte, autrement dit pouvoir

Apprécier tous ces dits mouvements *apparents*,
Il nous faut consulter, tout naturellement,
La figure treize de ce très humble écrit.
Enfin, disons que tout ce que nous avons dit ;
Concernant l'atmosphère et de plus les volcans,
Les hautes montagnes et puis évidemment,
Les cours d'eau et les mers de l'astre précédent,
Convient également à cet astre éclatant.
Voyez, amis Lecteurs, et *jugez* maintenant,
Si Vénus doit aussi avoir ses habitants.

62. — TERRE

La terre, planète par nous tous habitée,
Est entre les astres Mars et Vénus située ;
Le premier s'appelant un astre *supérieur*.
Tandis que le second se nomme astre *inférieur*.
La terre, aplatie vers les pôles et renflée
Sur tout son équateur (ce qui, également
Existe pour tous les astres du firmament),
Est ellipsoïde, comme forme assurée ;
Et, de plus, possède deux mouvements que l'on
Appelle rotation et de révolution (1).
Ce double mouvement (c'est une vérité)

(1) C'est ce double mouvement de rotation et de révolution de la terre qui, de tout temps, a servi de base pour la division du temps en jours et en années. Nous ferons remarquer ici, que le nombre de jours pour chaque année n'étant pas un nombre entier exact, cela cause une avance de dix jours pour l'équinoxe du printemps, tous les 1,200 ans environ. — Pour avoir l'explication du moteur de ces deux mouvements, consulter la très importante figure astronomique de la page suivante, de M. P. Trémaux.

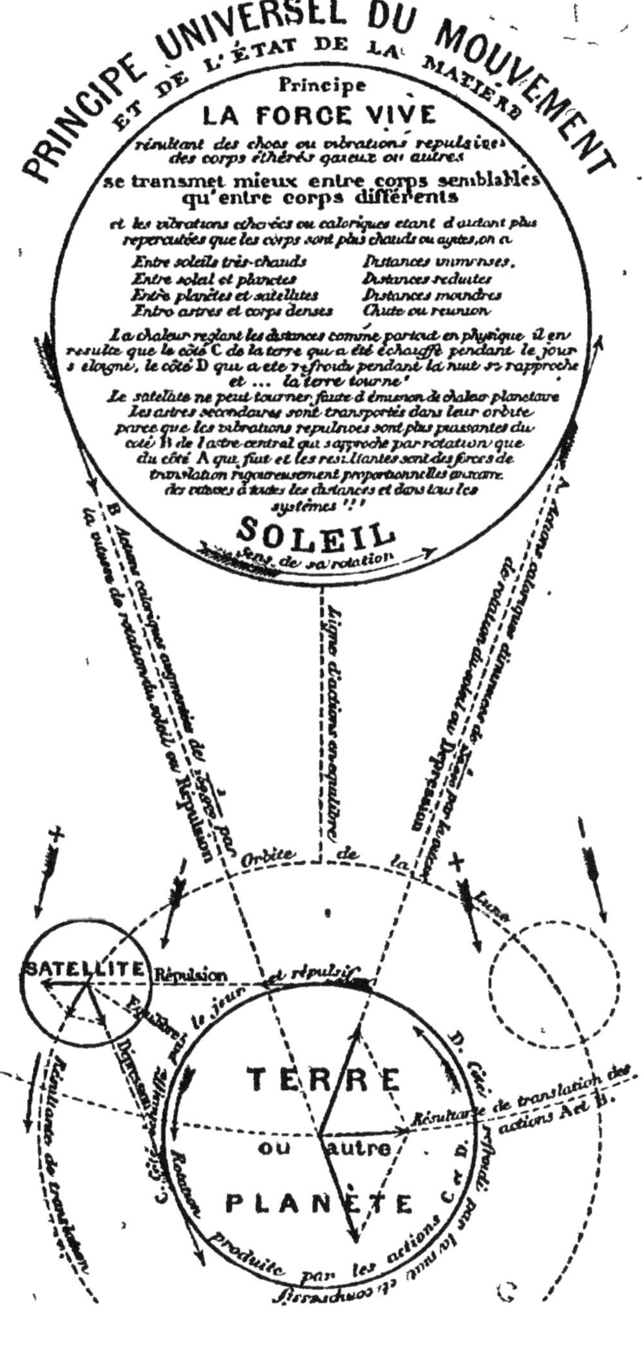
PRINCIPE UNIVERSEL DU MOUVEMENT
ET DE L'ÉTAT DE LA MATIÈRE
Principe
LA FORCE VIVE
résultant des chocs ou vibrations répulsives
des corps éthérés gazeux ou autres
se transmet mieux entre corps semblables
qu'entre corps différents
et les vibrations éthérées ou caloriques étant d'autant plus
répercutées que les corps sont plus chauds ou agités, on a
Entre soleils très-chauds — Distances immenses.
Entre soleil et planètes — Distances réduites
Entre planètes et satellites — Distances moindres
Entre astres et corps denses — Chute ou réunion
La chaleur réglant les distances comme partout en physique il en
résulte que le côté C de la terre qui a été échauffé pendant le jour
s'éloigne, le côté D qui a été refroidi pendant la nuit se rapproche
et ... la terre tourne !
Le satellite ne peut tourner faute d'émission de chaleur planétaire
Les astres secondaires sont transportés dans leur orbite
parce que les vibrations répulsives sont plus puissantes du
côté B de l'astre central qui s'approche par rotation que
du côté A qui fuit et les résultantes sont des forces de
translation rigoureusement proportionnelles au carré
des vitesses à toutes les distances et dans tous les
systèmes !!!
SOLEIL
Sens de sa rotation
Ligne d'actions en équilibre
Orbite de la Lune
SATELLITE
Répulsion
Équilibre
TERRE
ou autre
PLANÈTE
Résultante de translation des actions A et B.
Rotation produite par les actions C et D.

Est commun aux astres, en généralité;
Et, de plus encore, pour tous assurément
Le dernier se produit d'occident en orient,
Dans un orbe elliptique, *écliptique* nommé;
Laquelle pour la terre, en toute vérité,
(Cette dite année mil huit cent quatre-vingt-un),
Est penchée par rapport à l'équateur enfin,
De vingt-trois degrés, vingt minutes, cinq secondes
Et, en plus, cinquante-deux parties de seconde...
Deux années diverses existent pour la terre :
L'année tropicale ou bien dite équinoxiale
Et puis l'année que nous appelons sidérale;
Cette dernière ayant, en plus que la première,
Vingt minutes et vingt-cinq secondes de temps (1).
C'est la révolution terrestre en même temps
Qui donne au Soleil son mouvement apparent
Dans l'écliptique, et puis, c'est à sa rotation
Qu'est dû le mouvement (seulement qu'apparent)
De tous astres du ciel d'orient en occident ;
Laquelle rotation, comme il est de raison,
Produit son mouvement d'occident en orient (2).
La terre, outre les deux mouvements précités,

---

(1) Cette différence est due au mouvement de translation du Soleil dans l'espace; ce qui ne permet pas a la terre de faire une ellipse complètement achevée.

(2) Nous ferons remarquer ici, que le mouvement de rotation terrestre, se produit dans un temps, qui n'est pas exactement le même pour tous les jours de l'année. En effet, ce temps est plus ou moins long (de quelques minutes seulement en plus et en moins), selon que la terre est plus ou moins éloignée du Soleil, dans le cours de sa révolution annuelle autour de cet astre. Observation commune, en général, à tous les astres de notre système solaire.

En possède un autre, lequel (en vérité)
Comprend deux mouvements, dont l'un est ascendant
Et l'autre descendant, par rapport au vrai plan
De son orbe elliptique ; ayant, malgré cela,
Son centre confondu constamment avec la
Partie extrême de ce susdésigné plan.
Ce dit mouvement est dû à l'obliquité
De l'axe terrestre par rapport audit plan.
Enfin, entre les deux, se forme (en vérité)
Un angle qui, certes, augmente et diminue
A chaque instant, depuis (c'est chose reconnue)
Zéro degré jusqu'à une limite enfin
Qu'il ne peut dépasser, laquelle est, c'est certain,
En tout temps égale à l'angle que l'écliptique
Forme avec l'équateur ; limite diminuant
Dans les mêmes rapports, cela fort bien s'explique,
Que dite obliquité citée précédemment (1).
Il nous faut, maintenant, faire l'observation
Que c'est assurément, ledit balancement
Des pôles de la terre, appelé *nutation*,
Qui produit la cause du renouvellement
Périodique de nos saisons très différentes :
Lesquelles, chers Lecteurs, sont vraiment les suivantes :
Le printemps et l'été, puis l'automne et l'hiver...

---

(1) De cette diminution de l'obliquité de l'ecliptique par rapport a l'équateur, il résulte que les points solsticiaux se rapprochent de l'extrémité du grand axe (voir la figure 12 de ce Poème) et que les saisons tendent de plus en plus, d'après cela, à s'unifier pour chaque point du globe terrestre, et cela dans les mêmes rapports que le rapprochement susdésigné. — Voir le renvoi de la page 27 de ce volume.

— Pour des renseignements nombreux et très précis
Sur le globe terrestre (1), il nous faut consulter
Les pages cent onze à page cent trente-six
Du livre ayant servi à faire ce Poème ;
D'une difficulté de rédaction extrême. —
Par quelques réflexions absolument morales
Nous allons terminer ce récit sur la terre ;
Laquelle, amis Lecteurs, il faut le reconnaître,
Se trouve être des huit planètes principales
De notre tourbillon ou système solaire,
L'une des moins grosses et vraisemblablement
Des moins importantes, c'est vraiment évident.
D'abord, Lecteurs, il nous faut commencer par faire
Connaître cette grande et juste vérité :
C'est que le vrai progrès de notre humanité,
A son principe dans la juste application
De la loi de *justice*, et celle, avec raison,
D'*amour* et *charité*. Cette loi est fondée,
Sur la certitude tout à fait assurée,
Que nous avons sur notre *avenir spirituel*.
De nos cœurs, enlevons ce *principe éternel*,
Et après, chers Lecteurs, il ne restera *rien*,
Pour nous retenir dans la *vraie* voie du bien.

---

(1) Ces renseignements ont rapport à la marche du globe terrestre dans son orbite, dans le cours d'une année, ainsi qu'à nos quatre saisons ; puis ont également rapport aux différentes zones qu'on distingue sur notre globe terrestre, à la durée des jours de chacune de ses saisons, à ses climats physiques, à ses divers éléments (qui sont désignés dans les tableaux des pages 68 à 70 de ce Poème) et, enfin, aux divers météores qu'on observe sur notre dit globe terrestre.

De cet admirable puis sublime principe,
Dérivent donc, alors, tous les autres principes;
Aussi, en est-il la pierre fondamentale.
La raison en est simple et de plus capitale:
C'est parce que lui *seul*, peut avoir l'avantage
De guérir les vraies plaies de notre société (1).

---

(1) *AVIS* à Messieurs les *Libres-penseurs* qui sont chargés de la direction de notre société et qui, certainement, se rendraient coupables de l'affreux crime de *lèse-humanité*, en niant cette sublime vérité. Sans doute, la *libre-pensée* a un très grand mérite au point de vue de la liberté; mais le simple bon sens suffit pour faire comprendre qu'une pensée directrice *unique* (rationnelle et sensée), est absolument obligatoire pour l'instruction spirituelle et morale des masses populaires; laquelle pensée directrice unique est, enfin, indispensable pour pouvoir obtenir la *régénération* de notre société actuelle, si aveuglée, hélas! par les dogmes insensés d'un *faux* Christianisme.

Magnifique et sublime résultat que la *Libre-pensée* elle-même ne pourra amais obtenir, du moment que, avec ses innombrables principes (ainsi que indique son nom lui-même), l'on ne peut construire qu'une véritable *tour de Babel*. Ce serait donc parmi les masses populaires, la confusion spirituelle la plus complète; confusion spirituelle dont les conséquences seraient certainement désastreuses pour notre société tout entière. — Ce renvoi a été extrait de deux lettres identiques, adressées, le 4 mai 1881, à monsieur le Président et monsieur le Vice-Président du Conseil Supérieur de l'instruction publique, tout en leur adressant en même temps, ainsi qu'à tous Messieurs les MEMBRES dudit Conseil Supérieur, un exemplaire à chacun de notre *Guide de la sagesse;* et cela, dans le but d'obtenir son introduction dans les Collèges et les Lycées. Aujourd'hui, novembre 1881, *nous attendons encore la décision de ces Messieurs;* ce qui, vous l'avouerez, chers Lecteurs, doit forcément nous faire supposer, que notre demande restera sans effet. Nous le regrettons très sincèrement, tout en mettant formellent en doute, que la postérité donne raison à ces Messieurs, qui (nous le disons avec regret), dans cette circonstance, se rendent forcément moralement coupables à l'égard de notre société tout entière. A. B

L'histoire des peuples et ensuite leur âge
Suffisent pour donner cette heureuse pensée.
Si son application partielle et incomplète
Produit un bien réel, quel bien immense cette
Application, faisant la base véritable
De notre très sérieuse institution sociale,
Devrait nous procurer. Cela, est-il possible?
Oui, puisque le progrès des temps passés suffit
Pour nous prouver qu'un tel progrès est accessible,
Ou bien est tout à fait possible autrement dit.
En effet; nous voyons tous les jours ce progrès,
S'accomplissant avec plus ou moins de succès,
Dans notre humanité. Sans doute, de nombreux
Préjugés sont encore à détruire aujourd'hui;
Mais qu'ils soient une fois complètement détruits,
Tout naturellement, ce résultat heureux
Saura se produire forcément de lui-même;
Vérité qui trouve sa preuve en elle-même.
Notre génération étant plus avancée
Que la génération de tous les temps passés,
Nous devons en déduire, avec toute raison,
Que le progrès humain est une obligation.
D'où, il faut conclure : que la transformation
De notre humanité, en droit et en raison,
Doit forcément un jour s'accomplir, cher Lecteur.
Alors tous les méchants, par la mort moissonnés,
Auront le grand remords de se sentir privés
D'un tel progrès qui, *seul*, procure le bonheur;
Privation malheureuse et de plus déplorable

Qui, certes, les rendra tout à fait misérables.
D'après cela, Lecteurs, si nous sommes *sensés*,
Nous devons accepter les grandes vérités
Que nos admirables connaissances actuelles
Nous enseignent, et qui, certes, sont éternelles...

63. — LUNE

Notre Lune, appelée planète secondaire,
Sert de satellite à notre petite terre;
Puis tourne autour d'elle douze fois dans un an,
Pour sa *révolution* planétaire appelée,
Et, de plus, pour celle sidérale nommée,
A peu près treize fois dans le cours dudit an (1).
La première des deux, désigne assurément
Tous nos mois lunaires, qui sont déterminés,
Par des aspects divers, tous phases appelés.
Quant à sa rotation, elle dure vraiment
Absolument autant que sa révolution;
Ce qui la rend pour nous, tout à fait invisible.
Pour avoir l'exacte, puis pure explication
De ce dit mouvement, pour nous imperceptible,
Consulter nos *Notions* dites d'*astronomie*,
Lesquelles en donnent un détail accompli.

---

(1) La vraie durée des deux revolutions lunaires, est de 29 j. 2 h. 44m 2s 8, pour la première, également nommée: *révolution synodique des nœuds de la Lune* (voir le mot *Nœud*, au nº 377), et de 27 j. 7 h. 43m 11s 5, pour la seconde révolution rapportée aux etoiles. Cette différence de 2 j. 5 h. 0m 51s 3, entre les deux révolutions lunaires, est due à la révolution de la terre autour du Soleil.

Pour ce qui concerne les quelques éléments
De la Lune en question, il faut de ce Poème
Consulter le tableau synoptique troisième.
Les phases lunaires s'appellent simplement :
La *nouvelle Lune*, puis le *premier quartier*,
Ensuite *pleine Lune* et *deuxième quartier;*
Quatre phases, Lecteurs, que tous nous connaissons,
Et que certaines nuits, nous tous appercevons.
De plus, les deux quartiers portent le nom d'octant;
Les deux autres phases syzygies s'appelant.
Quant aux intervalles qui se trouvent entre elles,
Ils sont tous égaux, vérité rationnelle.
Tout naturellement, notre globe terrestre,
Pour son satellite, doit forcément du reste,
Offrir mêmes phases, c'est vraiment arbitraire (1).
En outre des phases ci-dessus désignées,
Existent encore des éclipses lunaires,
Lesquelles (disons-le, en toutes vérités)
Nous pouvons prédire fort longtemps à l'avance;
Cette vérité-là, est de toute évidence (2).

---

(1) Une remarque a faire ici : c'est qu'a toute époque égale, ces phases sont naturellement en sens inverse de celles de la Lune. Ainsi, par exemple, lorsque pour nous, la Lune est nouvelle, c'est-à-dire qu'elle nous présente sa face non éclairée, la Terre pour la Lune est au plein; elle est nouvelle pour elle, lorsque la Lune pour nous est au plein, etc. Nous remarquerons encore, que la Terre étant beaucoup plus grosse que la Lune (leurs diamètres sont à peu pres entre eux comme *trois* pour la Lune et *onze* pour la Terre), elle doit lui apparaître dans ces mêmes proportions...

(2) La raison, en effet, en est simple : c'est parce qu'on a remarqué que les éclipses lunaires, après 19 années équinoxiales (comprenant 235 lunaisons), se repètent dans le même ordre, durant les 19 années équinoxiales suivantes; période portant le nom de cycle lunaire ou cycle de Meton, du nom

21

Vue au télescope, la Lune nous parait
De forme irrégulière, et de plus apparait
Posséder des vallées, des volcans, des montagnes,
Le tout ensemble ayant l'apparence de taches
Sur le disque lunaire, absolument privé
De toute atmosphère; du moins (en vérité),
De Messieurs nos savants c'est la ferme opinion (1).

---

de son inventeur, 433 ans avant Jésus-Christ. — Pour d'autres renseignements sur le cycle en question et les *tables astrales* établies depuis par les astronomes, consulter les pages 146 et 147 de nos *Notions d'astronomie scientifique, psychologique et morale*, écrit dont ce Poème a été extrait.

(1) Nous ferons remarquer ici, que cette opinion est absolument juste et rationnelle, et s'accorde parfaitement bien avec l'opinion du grand patriote et célèbre homme de lettres, Casimir Henricy, né à Saint-Tropez en 1814. — Voir sa Biographie dans le *Grand Dictionnaire illustré* de Maurice Lachâtre, dont nous extrayons le présent article, se rapportant à la vie des astres en général, dont nos *Notions d'astronomie* font également mention, pages 216 à 233.

La science, dit cet illustre savant, nous révèle que la durée de la vie des planètes est proportionnelle à leur diamètre et à leur densité. On doit regarder également les satellites comme ayant été formés à la même époque que la planète autour de laquelle ils circulent, et ayant par conséquent le même âge. Or, Fourier, le secrétaire perpétuel de l'Académie des sciences, a calculé qu'il a fallu à notre globe terrestre, incandescent et lancé dans un milieu froid, plus de deux millions d'années pour parvenir au refroidissement où il est aujourd'hui. Assurément les phénomènes provoqués par l'opposition de la chaleur et du froid, qui se sont produits sur la Terre, se sont produits également sur la Lune, mais ils ont eu sur cette dernière une durée bien moindre que sur la Terre; en d'autres termes, ils s'y sont succédé plus rapidement. La Lune a donc eu, elle aussi, dans le principe, une atmosphère très étendue; par conséquent, on doit admettre qu'elle a eu des végétaux et des animaux; il est même possible qu'elle ait eu, lorsqu'elle s'est trouvée dans les conditions les plus favorables, des habitants analogues à ceux auxquels nous donnons sur la terre le nom d'*hommes;* mais cela n'est pas certain, eu égard à la rapidité avec laquelle son évolution vitale s'est accomplie. En effet, il doit y avoir au moins un million d'années que la Lune est complètement refroidie, que ses mers sont congelées, que son atmosphère est solidifiée, qu'il n'y a plus enfin ni chaleur centrale — (Nous ferons remarquer ici, que l'auteur est dans l'erreur la plus complète en niant la persistance du feu central qui, précisément, au jour désigné, doit essentiellement servir à la transformation du globe refroidi extérieurement, en le faisant éclater en

Maintenant, nous ferons remarquer que l'action
Lunaire combinée avec l'action solaire,
Produisent nos marées sur notre dite terre.
Quant à son influence sur le règne végétal :
Consulter nos *Notions* dites d'*astronomie*,
Lesquelles en donnent un détail accompli,
Peu en rapport avec l'opinion générale (1).

64. — MARS

Mars est la planète qui vient après la terre
Par rapport au Soleil. Rougeâtre est sa lumière,

---

morceaux innombrables, comme cela est déjà arrivé pour un astre planétaire placé entre Mars et Jupiter, astre connu jadis des anciens et dont les morceaux innombrables composent l'agglomération des petits corps planétaires compris entre les deux planètes principales susdésignées. — Consulter nos *Notions d'astronomie*, pages 216 à 233) — ni corps liquides et gazeux à sa surface, et partant point de chaleur solaire. L'aspect bouleversé que présente la surface de la Lune, peut même faire supposer que cette planète secondaire n'a guère connu que la période des déchirements et des soulèvements, la formation ignée, les roches porphyriques, les trachytes, les basaltes et les laves. Elle a été comme saisie et refroidie brusquement. On dirait du moins que les agents atmosphériques n'ont pas eu le temps de désagréger les aspérités, les points les plus saillants, pour exhausser le fond des bassins et niveler une partie de l'ensemble ; en d'autres termes, il n'y aurait que fort peu de terrains sédimentaires. Donc la Lune est depuis longtemps un globe mort, un cadavre de planète. C'est ce qui arrivera un jour fatalement à la Terre, après une longue succession de siècles, sans doute, mais à une époque que l'on pourrait néanmoins déterminer approximativement par le calcul. C'était l'opinion de Lamarque. Quant à la possibilité qu'un système solaire ou planétaire, dès que toutes les parties en sont frappées de mort, soit de nouveau remanié, refondu, électrisé et recommence une nouvelle vie, une nouvelle évolution, elle n'est contraire ni à la logique ni à la science.

(Cas. Henricy.)

(1) L'opinion générale était, en effet, que la *Lune rousse* (celle qui commence en avril et devient pleine au mois de mai) avait la malheureuse influence de geler les plantes. Aujourd'hui, d'après une belle découverte faite par Wells, savant de notre époque actuelle, l'on sait que les corps terrestres

Laquelle, par moments, est vraiment scintillante;
Ce qui, par les Indiens, les Grecs et les Hébreux
L'a fait désigner comme étant incandescente,
Embrasée, un charbon ardent comme le feu.
Cette dite planète est nommée supérieure (1)
Par rapport à la terre, alors, dite inférieure
Par rapport à cette même dite planète,
Et celles qui suivront assurément au reste.
Pour Mars et les autres planètes supérieures
Toutes remarquables par leur forte grosseure,
N'existe absolument qu'une vraie *conjonction*,
Comme existent aussi pour lui l'*opposition;*
Puis, ensuite, une autre position différente
Quadrature appelée. Consulter maintenant,
Figure quatorze, pour avoir sûrement
La pure explication (chose très évidente)
De tous les noms qui sont ci-dessus désignés.
Quand Mars se dégage, le matin, des rayons

(sauf le cas d'une évaporation prompte) peuvent acquérir, la nuit, une température différente de celle de l'atmosphère ambiante. Les végétaux sont dans le même cas. Il ne faut donc pas juger du froid qu'une plante a éprouvé la nuit, par les seules indications d'un thermomètre suspendu dans l'atmosphère. La plante peut être fortement gelée, quoique l'air se soit constamment maintenu à plusieurs degrés au-dessus de zéro. Cette différence de température entre les corps solides et l'atmosphère ne s'élève à 4, 5 ou 6 degrés du thermomètre centésimal, que par un temps parfaitement serein. Si le temps est couvert, la différence disparaît tout à fait ou devient insensible.

(1) Nous ferons remarquer ici : que toutes les planètes dont il nous reste à parler, se trouvent dans le même cas; tandis que les deux planètes principales précédentes (Mercure et Vénus), ont été désignées comme étant inférieures, c'est-à-dire ayant leur orbite compris dans l'intérieur de l'orbite terrestre; tout l'opposé ayant lieu pour les autres planètes principales, qui toutes sont dites supérieures par rapport à notre globe terrestre.

De l'astre lumineux (que nous tous admirons),
Sa marche apparente aux étoiles rapportée,
Est *directe* et se fait d'occident en orient;
Jouissant du plus grand mouvement apparent.
C'est l'époque pour lui, que son dit mouvement
Se ralentit et puis devient nul au moment
Qu'il est éloigné de cent trente-sept degrés
Du Soleil, désignant sa distance angulaire
La plus grande; alors Mars nous paraît stationnaire,
Autrement paraît tout à fait arrêté.
Mars, peu de temps après, se remet à marcher;
Mais, alors, sa marche nous paraît s'effectuer
Dans le sens contraire, d'orient en occident.
Ce susdit mouvement (seulement qu'apparent)
Atteint son maximum à son opposition;
Puis diminue ensuite, et nous le revoyons
Au bout d'un certain temps, de nouveau arrêté,
Lorsqu'il est encore à cent trente-sept degrés
De notre astre radieux; sa distance angulaire
Se trouvant de nouveau, comme précédemment,
Toute la plus grande possible assurément.
Pendant le reste de l'année dite solaire
(A partir de cette dernière station),
Succède un mouvement, qui, comme de raison,
Est *direct*, se faisant d'occident en orient;
Lequel, assurément, est son vrai mouvement.
Pour Mars, l'arc tout entier de rétrogradation
Est de seize degrés, parcourus environ
Dans un temps comprenant soixante-treize jours;

Se trouvant, tout ce temps, le plus près de la terre (1),
Petit globe servant à nous tous de séjour.
Quant aux phases de Mars, maintenant il faut faire
Observer qu'elles sont beaucoup moins apparentes
Que les phases des deux planètes précédentes
(Mercure et puis Vénus), tout en leur ressemblant.
Ces phases, chers Lecteurs, tout naturellement,
Prouvent que Mars n'est pas lumineux par lui-même,
Mais reçoit du Soleil sa lumière elle-même.
Sur Mars, on aperçoit des taches permanentes,
Lesquelles nous prouvent sa rotation constante (2).
Cette dite planète, absolument petite,
A jadis passé pour être sans satelittes;
Tandis qu'aujourd'hui nous savons parfaitement
Qu'elle en a vraiment deux, connus nouvellement.
Quant à son atmosphère, elle est non seulement
Tout à fait reconnue, mais tout dernièrement
L'analyse spectrale a certes confirmé,
Qu'elle est de gaz et puis de vapeurs composée.
De là, nous concluons : que, comme les planètes
Mercure et puis Vénus, il doit avoir aussi,

---

(1) Nous ferons remarquer ici : que le temps dont la planète a besoin pour revenir aux mêmes etoiles du firmament, c'est-a-dire la duree de sa revolution siderale, est de 686 j., 98 ou 1 a 10m 21 j., 98; tandis que sa revolution synodique, autrement son retour a la même position par rapport au Soleil, est de 779 j. ou 2 a. 1m et 19 j., difference 92 j., 02, designant le chemin parcouru par la Terre durant ce dernier laps de temps. L'inclinaison de l'orbite de cette planète sur l'equateur terrestre est de 24°44'44".

(2) Le mouvement de rotation de Mars a été constaté à l'aide d'observations faites, à Boulogne, par Jean-Dominique Cassini, en 1666. Il trouva qu'une revolution entière s'executait d'orient en occident en 24 h. 40m; resultat qu'il confirma plus tard, en 1670, à l'aide d'observations faites à Paris.

Tout ce que possèdent ces deux dites planètes;
Le plus simple *bon sens* nous le désigne ainsi.
Quant aux autres enfin, dont nous ferons mention,
Leur supériorité extrême en toutes choses,
Tout naturellement devra être la cause,
Que pour elles aussi, semblable conclusion
Sera par vous, Lecteurs, admise assurément,
Non plus comme probable,
Mais comme indiscutable.
Au surplus, chers Lecteurs, tout naturellement,
Vous-mêmes, vous pourrez, d'après votre conscience,
Apprécier notre dire, avec toute prudence.

65. — PETITES PLANÈTES

Tous ces petits corps sont planétaires nommés,
Malgré leur petitesse, en toute vérité.
La raison en est simple et de plus rationnelle :
C'est parce que tous font, sans aucune exception,
Tout autour du Soleil, leur vraie révolution;
Vérité tout à fait exacte et perpétuelle.
Observons, maintenant, qu'à notre époque actuelle,
Cent quatre-vingts nous sont à très peu près connus;
Leur nombre s'augmentant vraiment de plus en plus,
Par des découvertes tout à fait continuelles.

66. — JUPITER ET SES SATELLITES

Jupiter est brillant dans notre firmament,
Comme les étoiles de première grandeur.

Sa lumière très calme, est quelquefois vraiment
Scintillante et alors possède une couleur
Rivalisant avec la couleur de Vénus.
Pour avoir, maintenant, la vraie explication
De ses deux mouvements, lesquels nous appelons
Réel et apparent (tous les deux au surplus
Étant très différents), il nous faut consulter
Figure quatorze, de ce présent Poème.
Pour ce qui concerne sa vraie distance extrême
De notre astre radieux, il nous faut observer
Qu'elle diffère de sa distance moyenne,
Moins de quatre millions de lieues, chose certaine (1).
Comme les planètes précédemment citées,
Jupiter possède des taches avérées,
Lesquelles ont prouvé qu'il tourne sur lui-même,
Et dont quelques-unes nous paraissent mobiles (2).
De plus, encore, il a, sur sa surface même,
De très larges bandes parallèles entre elles,
Ainsi qu'à l'équateur dudit astre en question;
Lesquelles bandes sont attribuées à l'action

(1) Cette différence est exactement de 3,819,610 lieues. Pour les autres planètes, cette différence, comparativement à leur distance moyenne, est de 3,015,061 l. pour Mercure; de 190,980 l. pour Vénus; de 636,600 l. pour la Terre; de 5,423,832 l. pour Mars; de 20,386,664 l. pour Saturne; de 34,376,400 l. pour Uranus, et enfin de 9,930,960 l. pour Neptune. — Nous ferons remarquer ici : que la faible différence qui existe pour Vénus et Neptune, donne à réfléchir et fait douter de la réelle précision des calculs qui les concernent, en cette circonstance.

(2) Nous devons supposer que celles qui se trouvent mobiles, doivent probablement se produire dans son atmosphère. C'est du moins l'explication la plus rationnelle qu'on puisse en donner. Quant à ses satellites, nous ferons remarquer que leur rotation par rapport à cette planète, est exactement celle que la Lune a par rapport à la Terre.

Atmosphérique de cet astre assurément.
Pour ses satellites et puis leurs éléments
Examinez, Lecteurs, notre tableau troisième
De ce très humble écrit, par nous nommé Poème.
Nous dirons maintenant comme chose évidente,
Que ladite planète est la plus importante
De celles comprises dans notre tourbillon.
Pour en avoir, Lecteurs, la sûre conviction :
Voyez nos deux premiers tableaux dits synoptiques,
Et puis les figures, dites astronomiques,
Quatre à onze de ce bien modeste Poème ;
Puis sur eux tous portez une attention extrême,
Pour apprécier tous leurs détails intéressants
Et de plus, encore, tout à fait importants.
Après cet examen, dites-nous, chers Lecteurs,
Si ce colossal et très magnifique globe,
A une humanité peut servir de demeure ;
Du moment que l'on sait que vraiment il englobe
Tous les éléments de notre globe terrestre?
Celui qui le nîrait serait un pauvre piètre.
Si parmi nos Lecteurs, un *seul* peut en douter,
Franchement nous serons forcé de l'engager
A rentrer en lui-même, et si cet examen
Ne suffit pas encore, alors nous lui dirons :
« De *cœur* et puis d'*âme*, vraiment nous désirons
Que le bon sens chez vous puisse apparaître ! *Amen*.

67. — SATURNE ET SES SATELLITES

Saturne est vu brillant dans notre firmament,
Comme les étoiles de première grandeur ;
Seulement cet astre n'est jamais scintillant,
Son éclat est toujours d'une égale valeur.
Pour ce qui concerne ses divers mouvements
Et de plus, encore, ses nombreux éléments,
Même avis que pour la planète précédente.
Une remarque ici, vraiment très importante;
Est à faire : c'est que (de tous, c'est l'opinion)
Il est le plus curieux de toutes les planètes
De notre système solaire ou tourbillon,
En effet, le globe désignant la planète,
A la distance de neuf mil trois cent dix lieues,
Est vraiment entouré d'un anneau très curieux (1).
Pour ses satellites au vrai nombre de *huit*,
Voir troisième tableau de ce présent écrit.
Maintenant, quant à son habitabilité,
Pensez-vous, chers Lecteurs, en toute vérité,

(1) Cet anneau nettement divise en deux parties, a pour principaux éléments, ceux qui sont designes dans le tableau suivant; les valeurs angulaires dudit tableau étant prises au moment que Saturne se trouve a sa moyenne distance de notre Terre, et estimees en lieues de quatre kilomètres.

Diamètre exterieur de l'anneau extérieur.	40"09	71,144 l.
Diamètre interieur — —	35"29	62.643
Diamètre exterieur de l'anneau interieur.	34"47	61,198
Diamètre intérieur — —	26"67	47,339
Largeur de l'anneau exterieur.	2"40	4,265
Largeur de la division entre les deux anneaux.	0"41	0,723
Largeur de l'anneau intérieur.	3"90	6,930
Épaisseur de l'anneau *environ*	0"06	0,100
Distance entre le bord intérieur de l'anneau et la planète.	4"34	9,314

Que nous puissions avec raison lui refuser ?
A vous *seuls* appartient le droit de *décider*...

68. — URANUS ET SES SATELLITES

Uranus par Herschell a été dévouvert
Dans le cours de l'an dix sept cent quatre-vingt-un.
Ses divers mouvements sont sûrement communs
Aux mouvements de la planète Jupiter.
Pour tous ses éléments, consulter maintenant
Les deux premiers tableaux, cités précédemment.
Fort longtemps, chers Lecteurs, des savants renommés,
A cet astre ont donné de nombreux satellites,
Que plus tard, il leur a vraiment fallu ensuite,
Tout naturellement diminuer de moitié (1) ;
Ce qui, actuellement, à quatre les réduit.
Quant à leurs éléments, consulter maintenant
Les deux premiers tableaux de ce présent écrit,
Lesquels les font très bien connaître assurément.

69. — NEPTUNE ET SON SATELLITE

Cette planète par un *trident* désignée
(Vrai attribut du Dieu des mers, chez les païens),
Pour la première fois fut par Gall observée,
Au milieu de l'an mil huit cent soixante-six,

(1) En effet, nous ferons remarquer que pendant quelque temps, on a cru à l'existence de huit satellites pour la planète en question; deux, ayant été découverts par W. Herschell, auraient décrit des orbites beaucoup plus étendus que les quatre satellites, dont le troisième tableau synoptique fait mention. Les deux autres auraient été compris entre le second et le troisième et entre celui ci et le quatrième. Mais on n'a revu positivement ni les uns ni les autres..

Dans la capitale des États autrichiens,
Autrement dit, Lecteurs, la ville des soucis (1).
Invisible à l'œil nu, son aspect nous présente
Une étoile d'une grandeur qu'on dit huitième.
Quant à ses mouvements, ils sont (chose évidente)
Très exactement ceux de l'astre précédent.
Neptune est-il, Lecteurs, le plus loin du système?
A cette question-là, tout naturellement,
Nous ferons remarquer qu'il serait imprudent
De vouloir l'affirmer, c'est vraiment évident (2).
Pour tous les éléments de cet astre éloigné
Et ceux de sa lune (satellite appelée),
Même observation que pour l'astre précédent,
Donnant, pour les connaître, un moyen suffisant.

70. — COMÈTES

En règle générale, on appelle comète :
Tout astre du ciel qui, comme toute planète
Principale appelée, contourne le Soleil
En parcourant un orbe à nul autre pareil,

---

(1) La ville de Berlin, laq uelle, en effet, a été fort longtemps une cause d'inquiétude pour toute l'Europ e, et qui elle-même, dans son intérieur, n'est pas absolument dépourvue de souc is, sa position *équivoque* le fait facilement comprendre...

(2) En effet, cette question est encore à résoudre, et certainement deux sérieuses raisons nous feraient supposer le c ontraire. La première : c'est qu'il existe des comètes dont l'orbite parabolique s 'étend de beaucoup au delà de l'orbite de Neptune; la seconde : c'est que l'étoile la plus rapprochée de notre Soleil, en est éloignée de *huit mille* fois la dista nce de cette dite planète audit Soleil. Après cela, on voit que la moitié de cet te distance offre encore un espace passablement grand pour la révolution de nouvelles planètes. Qu'en pensez-vous, amis Lecteurs?...

Appelé parabole ou bien parabolique.
Leur grand rapprochement et grand éloignement
De notre dit Soleil, assurément explique
Leur très grande vitesse et leur lent mouvement.
Dans leur grande vitesse, il arrive souvent
Qu'ils éclatent sur nous presque instantanément ;
Ce qui dans tous les temps, les a rendu curieux
Et de plus effrayants pour les Êtres peureux,
Ou bien superstitieux. De plus, ils sont pourvus
D'une queue quelquefois d'une grande étendue ;
Quelquefois même encore, ils en sont dépourvus (1) ;
Alors, ils étonnent beaucoup moins notre vue.
En tout temps, chers Lecteurs, ces astres dans les cieux
Ont été regardés avec étonnement,
Restant une énigme pour tous assurément.
Ces astres ont vraiment dans l'étendue des cieux
De curieux mouvements des plus irréguliers.
Ainsi, par exemple (fait vraiment singulier),
On les voit parcourir le ciel dans tous les sens ;
Chose singulière, mais conforme au bon sens.
La raison en est simple et de plus rationnelle :
C'est qu'ils ont pour mission de prendre évidemment,
Dans toute l'étendue de notre firmament,
De toute matière les petites parcelles.
Quelquefois, ensuite, ces astres étonnants
Restent stationnaires pendant quelques instants ;

---

(1) Pour de nombreux renseignements sur la forme des cometes et la marche regulière de quelques-unes, consulter nos *Notions d'astronomie scientifique, psychologique et morale,* dont ce présent Poeme est un extrait.

Puis, après, on les voit tout à coup s'avancer,
Quelquefois de plus de quarante-cinq degrés,
Et puis, avec une même rapidité,
On les voit ensuite, fort bien rétrograder.
Sans doute, nous devons admettre évidemment,
Que ces dits mouvements tout à fait surprenants,
Ont leur utilité dans notre immensité...
Reconnaissons encore, en toute vérité,
Que, de nos planètes, la vraie perturbation
A même utilité dans notre tourbillon (1);
Les deux assurément, tendant à nous prouver
L'extrême bienveillance et l'infinie bonté
De *Celui* qui toujours ne cesse de créer,
Autrement dit, Lecteurs, de la DIVINITÉ.

71. — ÉTOILES FILANTES

Ces corps célestes de petites dimensions,
Apparaissent souvent dans le ciel étoilé,
Et quelquefois même, nous en apercevons
Un assez grand nombre dans le cours d'une année (2).
Quelquefois on en voit sur la terre tomber;

(1) Les déplacements anormaux et les perturbations dont nous venons de parler, et qui sont fort nombreux et perpétuellement changeants, ont sans aucun doute pour but *providentiel* d'éviter dans notre firmament, des rencontres, qui seraient plus ou moins désastreuses pour les mondes habités de notre système solaire...

(2) Ce nombre est quelquefois considérable. Ainsi, par exemple, du 5 au 12 août 1853, on en a observé 272. — A cet égard, consulter nos *Notions d'astronomie,* pages 200 à 201.

Ils portent, dans ce cas, le nom d'aérolithes (1).
Mais ordinairement, ne font que traverser
L'atmosphère terrestre et se perdent ensuite,
En continuant leur cours dans notre firmament.
Une seule remarque est à faire à présent :
C'est qu'en traversant notre atmosphère terrestre
Tous s'enflamment; cela, est dû (il faut l'admettre)
A leur rapidité, [illegible] ant occasionner
Un frottement extrême avec les molécules
De notre atmosphère. Rien nous fait supposer
Qu'une telle opinion puisse être ridicule;
Elle est, au contraire, tout à fait rationnelle
Et conforme au bon sens, puis vraiment éternelle.

72. — ÉTOILES

Tous les corps célestes lumineux par eux-mêmes,
Et de plus étrangers à notre tourbillon,
Sont étoiles nommés; avec toute raison.
Tous ces astres radieux sont des Soleils eux-mêmes,
Vrais régénérateurs de systèmes solaires
Plus ou moins importants, vérité arbitraire.
Ce qui les distingue, c'est leur scintillation
Et de plus, encore, leur grande irradiation,

---

(1) D'après toutes nos analyses chimiques, tous ces corps sont généralement composés de substances différentes; chacun, naturellement, contenant un plus ou moins grand nombre de ces dites substances, qui sont les suivantes : oxygène, soufre, carbone, silicium, aluminium, magnésium, calcium, potassium, sodium, fer, nickel, cobalt, chrome, manganèse, cuivre, étain, titane; nombre total, *dix-sept*...

Personnelles pour tous, en toute vérité;
Tandis qu'elles ne sont (c'est la réalité)
Qu'empruntées seulement, pour les corps dits planètes.
Au surplus un moyen, très efficace au reste,
Pour les reconnaître peut très bien s'employer :
Il suffit, pour cela, de bien les observer
Avec un télescope, qui grossit les derniers;
Le contraire existant vraiment pour les premiers (1).
Reconnaissons ici, que les corps planétaires
Des autres tourbillons nous sont tous invisibles,
Voir même avec nos plus gros instruments possibles;
Fâcheuse vérité, tout à fait arbitraire.
Maintenant, chers Lecteurs, il nous faut remarquer :
Que tous ces astres sont doués d'un mouvement
Absolument réel, apparent seulement
Pour un petit nombre, que l'on peut observer (2).
Nous allons, maintenant, dans un renvoi, Lecteurs,
Vous désigner certains changements de couleurs
Que, depuis fort longtemps, nous pouvons observer

---

(1) Ce que nous disons ici, est dû à la propriété qu'ont les lunettes astronomiques de diminuer l'irradiation, et cela d'autant plus que le grossissement est plus fort, et puis, a l'immense éloignement de ces astres radieux, dont le plus rapproché de notre Soleil, en est éloigné de plus de *neuf trillions* de lieues...

(2) Ce nombre, en effet, est très restreint, et ceux que nous allons citer, sont assurément les moins lents. Telles sont, par exemple : une étoile de 7e grandeur de la constellation de la Grande-Ourse, qui se déplace de 7'' par an; la 61e du Cygne, étoile double qui se déplace de 5''3 par an; la 40e de l'Éridan, également double, marche de 4'' par an; μ de Cassiopée décrit annuellement un arc de 3''7, etc., etc.

Sur ces astres radieux, qu'on ne peut qu'admirer (1).
Sans nul doute, ils pourront (du moins nous l'espérons)
Suffire pour vous faire admettre pour toujours :
Que tous sont l'indice des faits qui chaque jour
Doivent se produire dans tous les firmaments,
Dont, certes, l'étendue est vraiment infinie;
Le plus simple bon sens nous le démontre ainsi (2).
D'où, nous concluons que, le nôtre assurément
(Dans lequel est compris toute la *voie lactée)*,

---

(1) Ainsi, par exemple, comme diminution d'eclat, nous citerons les suivantes : *a* de la Grande-Ourse était de la *première* grandeur, quand J. Flamsteed construisit son catalogue des etoiles, vers l'an 1700; elle est a peine de *deuxième* grandeur aujourd'hui. — A la même époque, les *deux* premières de l'Hydre etaient de la *quatrième* grandeur; W. Herschell, 100 ans plus tard, les trouva de *huitième* grandeur, etc., etc.

Comme extinction complète d'éclat et par suite disparition : l'étoile marquée dans le catalogue de Bayer, au-dessus de *ε* de la Petite-Ourse, est disparue a la fin du XVIIe siecle; — la 9e et la 10e du Taureau sont également disparues. — D'octobre 1781 à mars 1782, le celèbre astronome Slough a assisté aux derniers jours de l'apparition de la 56e d'Hercule, qui tomba du rouge au pâle et s'eteignit tout a fait.

Comme augmentation d'eclat : la 31e du Dragon, dont les observations ont constaté l'accroissement de la *septième* a la *quatrième* grandeur; — la 34e du Lynx, qui est montée de la *septième* à la *cinquième*; — et enfin la 38e de Persce, qui s'est elevee de la *sixième* à la *quatrième*.

Comme changement periodique d'eclat, d'abord ceux a longue periode : *χ* du col du Cygne, dont la pèriodicite est de 13 mois et demi, et qui varie de la *cinquième* a la *onzième* grandeur; — le nº 30 de l'Hydre d'Hevelius, qui, dans l'espace de 500 jours, varie de la *quatrième* grandeur à la *disparition*. — Telles sont maintenant, pour les courtes periodes : *δ* de Cephee, dont la periodicité est de 6 jours 9 heures et la variation de la *troisième* a la *cinquième* grandeur; — *η* d'Antinoüs, qui varie en 7 jours et 4 heures de la *quatrième* a la *cinquième* grandeur...

(2) Nous ferons remarquer ici : qu'il doit exister dans l'univers entier, qui est sans bornes et sans fin, autant de *firmaments* qu'il existe de *nébuleuses* dont le nombre s'augmente continuellement, à mesure que nos moyens d'observation se perfectionnent. Ces nebuleuses, naturellement, doivent être innombrables dans les espaces sans fin.

Doit être forcément, absolument borné;
Ce qui nous permettra de vous nombrer les astres
Radieux et lumineux, compris dans ses espaces.
Ce nombre, amis Lecteurs, est d'au moins *cent millions*.
Tout naturellement, de là, nous concluons :
Que notre *nébuleuse* ou *voie lactée* comprend
Autant de tourbillons ou systèmes solaires.
Maintenant, tous les jours la science nous apprend
Que des *nébuleuses* (vérité arbitraire),
En nombre innombrable, constellent dans les cieux.
Voyez, *examinez* et *jugez* maintenant,
Quel est le vrai nombre de ces astres radieux
Dans les immensités de tous les firmaments,
Compris dans l'univers entier et puis sans fin,
L'infini en un mot, le non borné enfin.

CONCLUSION

Quand on songe, Lecteurs, au nombre innombrable
De tous les *tourbillons* formant des *nébuleuses*
(Qui sont elles-mêmes absolument nombreuses),
Et, de plus, à toutes ces incommensurables
Distances immenses qui se trouvent entre elles;
Quand on veut essayer (chose assez rationnelle)
De jeter son regard vers ces lieux insondables;
Quand au delà de tous ces mondes innombrables,
D'autres mondes encore à ces mondes s'ajoutent;
Qu'au delà de ceux-ci, d'autres toujours existent;
Que devons-nous penser de cette immensité,

Absolument sans fin, en toute vérité ?...
Et dites-nous, Lecteurs, si notre âme *épurée*
(Autrement dit étant devenue *pur* Esprit)
A de quoi satisfaire une curiosité
Tant grande qu'elle soit, et de plus contenter
Ses désirs les plus *purs*, la cause sans contredit,
De tout son *vrai bonheur*, qui doit *toujours durer*?...

FIN DE CE POÈME

FIGURES ASTRONOMIQUES

A L'USAGE DE LE

POÈME ASTRONOMIQUE

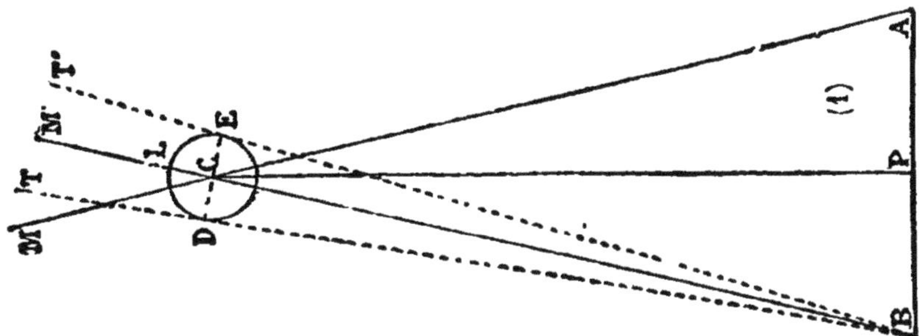

Cette figure 1 ayant pour but de mesurer la parallaxe des astres, nous allons donner ici (conformément à cet axiome : les angles et les côtés d'un triangle sont proportionnels entre eux), les estimations suivantes :

Quand la parallaxe d'un astre quelconque est de 1°, sa distance est 57 fois le côté qui lui est opposé, pris comme unité de mesure ; de 1', est de 3,438 fois dito ; 30", de 6,875 fois ; 20", de 10,313 fois ; 10", de 20,626 fois ; 5", de 41,253 fois, et enfin 1", de 206,265 fois — Maintenant, pour les étoiles, prenant le rayon de l'orbite terrestre pour unité de mesure, nous avons :

Noms des étoiles.	*Parallaxe.*		*Rayon moyen de l'orbite terrestre.*	
—	—		—	
A du Centaure.	0"91	. . . .	226.400	fois
61e du Cigne.	0 35	. . . .	589.300	—
A de la Lyre (Wéga).	0 26	. . . .	785.600	—
A du Grand-Chien (Sirius). . .	0 15	. . . .	1,373 000	—
I de la Grande-Ourse.	0 133	. . . .	1.550.300	—
A du Bouvier (Arcturus). . . .	0 127	. . . .	1.624.000	—
A de la Petite Ourse (la polaire)	0 106	. . . .	1.946.000	—
A du Cocher (la Chèvre). . . .	0 046	. . . .	4.484.000	—

Telles sont les *seules* étoiles dont on a pu calculer la distance. Quant à l'extrême importance des calculs ci-dessus, elle est naturellement facile à comprendre...

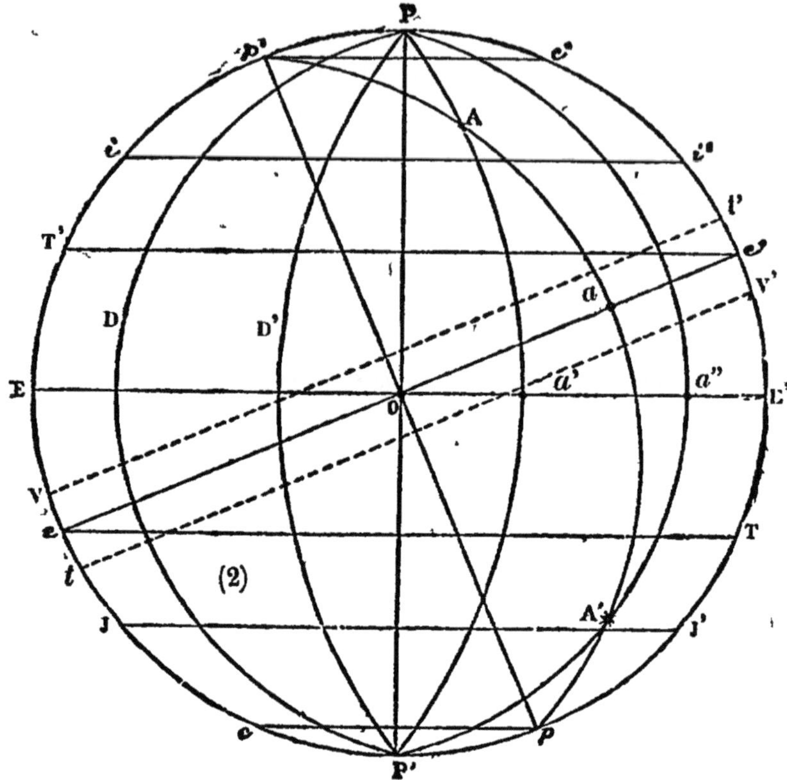

Cette figure 2 représente une sphère terrestre ou céleste a laquelle, par la pensée, nous devons donner la forme d'une boule; d'où il suit que toutes les lignes qui figurent à sa surface, sont nécessairement des lignes courbes, autrement dit des cercles.

Dans cette figure, nous avons : EOE' qui, en passant par le centre de la sphère et aboutissant à deux côtés opposés de ladite sphère, se nomme *diamètre*, dont la moitie EO s'appelle *rayon* Quand le diamètre se dirige exactement du nord au sud, il porte spécialement le nom d'*axe* de la sphère. Tel est POP', dont P est le pôle nord, et P' le pôle sud.

Concernant les differents cercles compris dans la sphere, consulter les numéros 3 à 26, pages 28 à 30 du présent Poème.

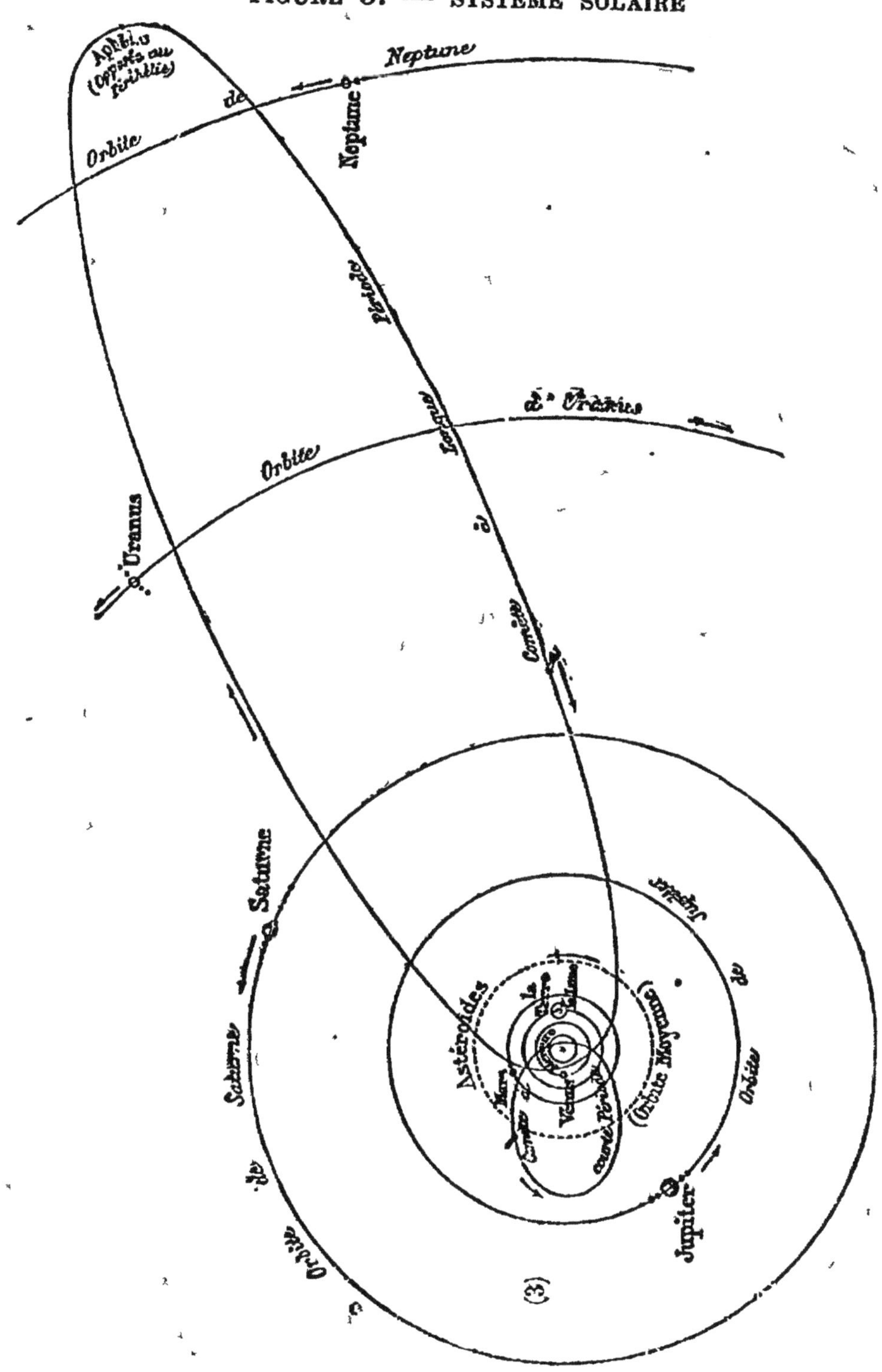
Neptune
Orbite
de
Neptune
Orbite
d'Uranus
Uranus
Comète
Saturne
Orbite
de
Saturne
Jupiter
Orbite
de
Jupiter
Astéroïdes
(Orbite Moyenne)
Vénus
(3)

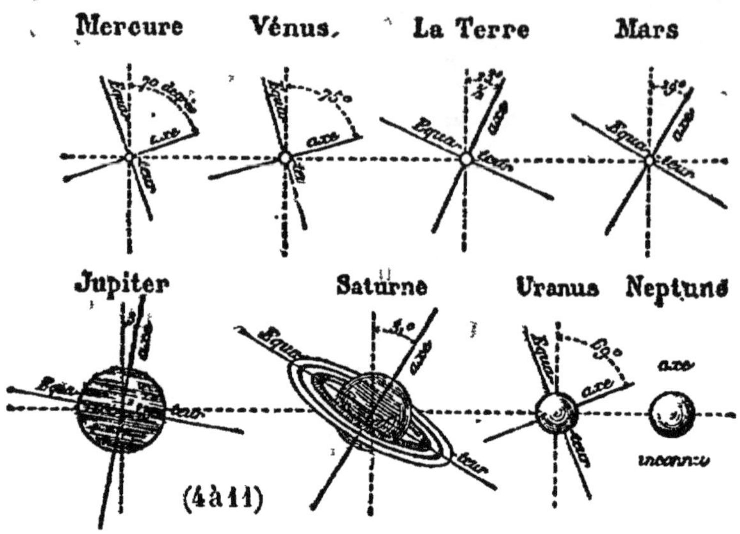

(4 à 11)

Ces figures 4 à 11 donnent la grosseur *relative* des huit planètes principales de notre système solaire, les seules connues jusqu'à ce jour, ainsi que l'obliquité de leurs axes et de leurs equateurs par rapport à l'axe et à l'equateur du Soleil, tous les deux désignés par des lignes ponctuées. — Nous ferons ici, cette remarque excessivement importante . c'est que nous sommes réellement etonné que l'on ait trouvé l'obliquité de l'axe de Saturne et celle de l'axe d'Uranus, comme etant plus grande que celle de notre petit globe terrestre. Cela nous paraît d'autant plus extraordinaire que nous sommes, dans ce cas, forcé d'admettre que la temperature éprouvée sur les deux globes susdesignés, doit être moins *stable* que sur notre petit globe terrestre, absolument microscopique, comparativement au premier des deux globes en question, Saturne.

La figure 3, de la page precedente, donne exactement la distance *relative* au Soleil, des huit orbites de nos huit planètes principales, les seules connues jusqu'à ce jour, plus le nombre de leurs satellites connus; puis, enfin, donne la dimension *relative* de l'orbite parabolique de la Comète ayant la periode la plus longue et de celle qui a la plus courte, d'après nos connaissances actuelles. Quant a la disposition des astres dans leurs orbites, elle est tout naturellement purement *factice*, ainsi que leur grosseur *relative*, exactement designées dans les fig. 4 a 11.

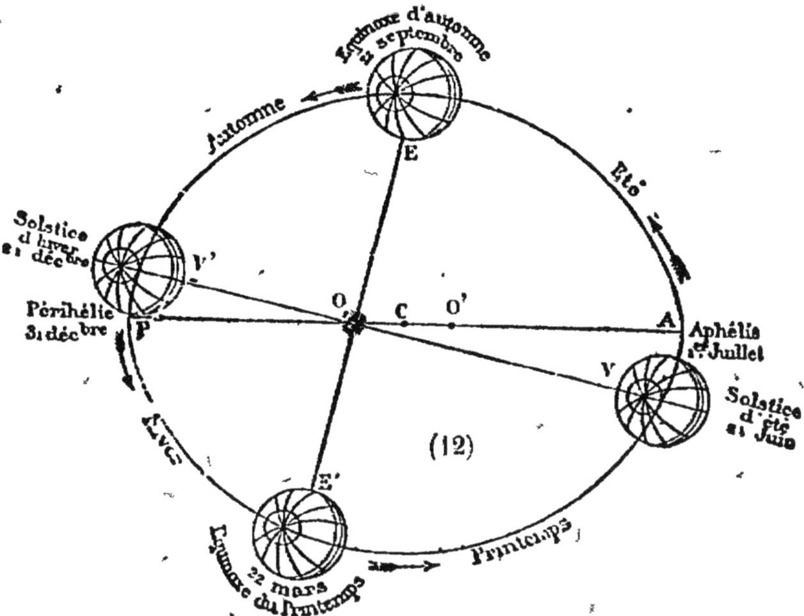

Cette figure 12 donne les quatre principales positions que le globe terrestre occupe dans son orbite, durant une revolution entière autour du Soleil. Dans cette dite figure 12, O désigne le foyer central occupé par le Soleil, O' le second foyer; C, le centre de l'orbite; EE', passant par le foyer central et aboutissant au centre de la Terre (toujours confondu avec son orbite), s'appelle : *ligne des équinoxes,* et même observation pour la *ligne des solstices,* VV'; OC désigne son excentricité qui, ici, est dix fois trop grande, du moment qu'elle doit être la *cent-vingtième* partie de son grand axe PA. Enfin, OE, OE', OV, OV', sont appeles *rayons vecteurs droits,* lesquels naturellement sont les plus chauds de tous. Tous les autres (dont aucun n'est désigné dans cette figure) sont dits *obliques;* ils sont d'autant moins chauds qu'ils sont plus obliques. Une importante remarque à faire ici . c'est que la direction des pôles du globe terrestre dans l'espace est toujours la même, durant sa révolution entière, preuve evidente qu'elle tourne toujours parallèlement sur elle-même.

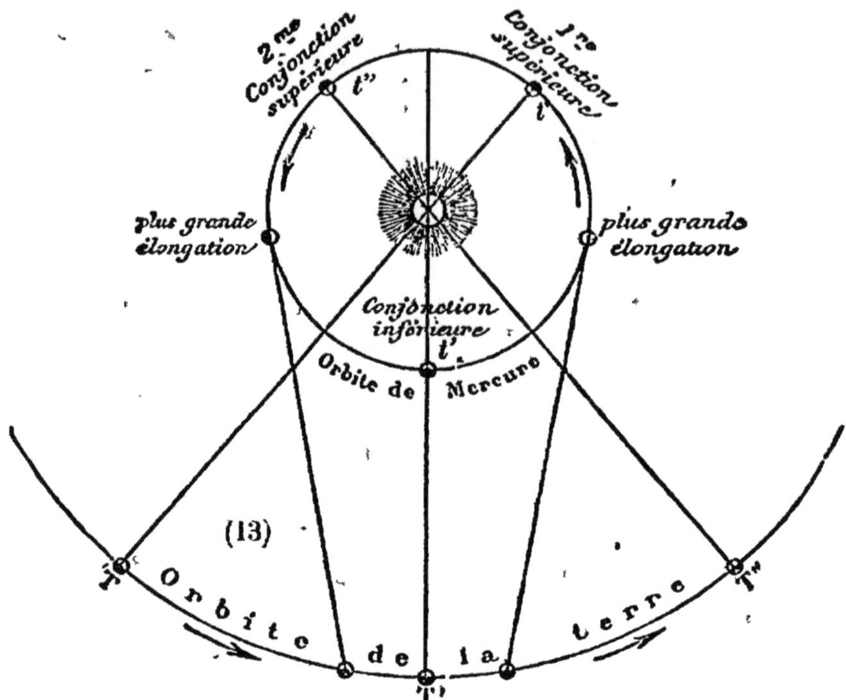

Cette figure 13 donne le mouvement *apparent* de la planète principale Mercure, durant une révolution entière de cette planète autour du Soleil, ses principales stations étant désignées sur la figure elle-même. Une seule observation est à faire ici : c'est que cette figure peut également servir pour désigner le mouvement *apparent* de la planète principale, nommée Vénus, qui (pour nous) se trouve dans les mêmes conditions que Mercure; l'une et l'autre étant les seules qui parcourent leur orbite dans l'intérieur de l'orbite terrestre D'où on leur a donné le nom de *planètes inférieures;* les autres étant dites *planètes supérieures,* c'est-à-dire se trouvant au-dessus de nous par rappor au Soleil.

FIG. 14. — ORBITES DE TERRE ET DE MARS

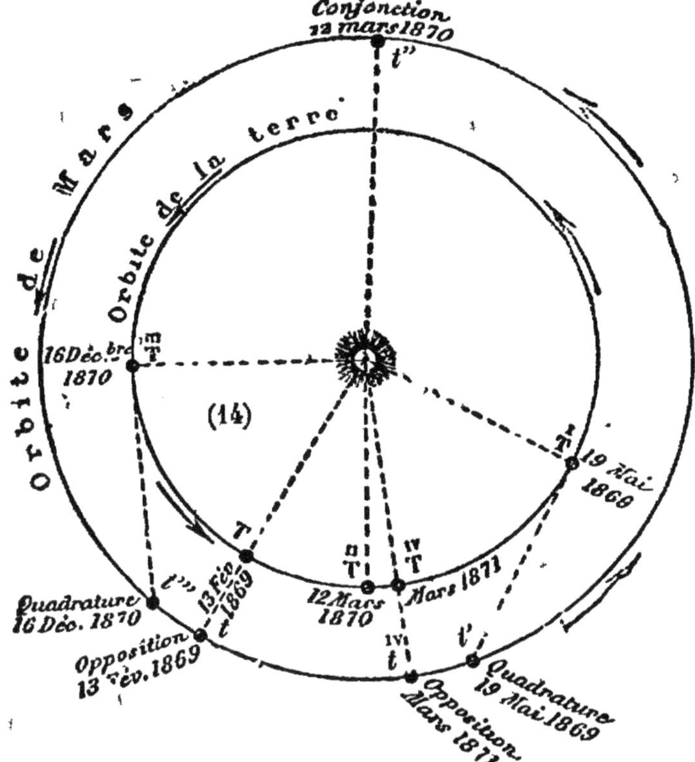

Cette figure 14, qui enfin est la dernière, donne le mouvement *apparent* de la planète principale Mars, durant une révolution entière de cette planète autour du Soleil, ses principales stations (comme pour Mercure) étant désignées sur la figure elle-même. Naturellement ces stations n'occupent jamais la même place d'une année à l'autre, par rapport à la terre, dans l'orbite décrit par ladite planète; les années terrestres n'ayant pas la même durée de temps que celles de Mars. Même observation également pour toutes les autres planètes, aucune d'elles n'ayant la même durée de temps annuelle, ainsi que le désigne le tableau de la page 68. Disons également ici, que cette figure peut parfaitement servir pour désigner le mouvement *apparent* des autres planètes principales dites *supérieures* par rapport à nous; telles sont : Jupiter, Saturne, Uranus et Neptune, les éléments de cette dernière étant encore peu connus; aussi ne sont-ils pas désignés dans la figure 14, donnant seulement la grosseur relative de la planète.

EXPLICATION DU TABLEAU ASTRONOMIQUE

Le cours annuel des huit planètes principales de notre système solaire, se produisant à des distances fort inégales et en des périodes de temps très différentes, il s'ensuit que leurs positions *relatives* dans l'espace changent à tout instant, puis sont jamais les mêmes à quelque époque que ce soit. De là, naturellement, il résulterait une impossibilité absolue de pouvoir se rendre exactement compte de leurs positions relatives dans leurs orbites, à une époque désignée quelconque, si leur mouvement moyen n'était pas exactement le même dans chacune de leurs révolutions sidérales autour du Soleil. Mais ce mouvement *uniforme* existant pour chacune, il s'ensuit qu'il nous est possible d'obtenir, avec l'aide de ce tableau; leurs positions *relatives* susmentionnées, ainsi que nous allons le démontrer. Seulement, auparavant, nous ferons remarquer que, pour éviter toute difficulté, nous avons désigné les orbites planétaires, dans ledit tableau, par des circonférences également espacées entre elles; faisant abstraction, par conséquent, de leur forme elliptique, de leurs dimensions et de leurs distances entre elles.

Maintenant, que nous faut-il faire pour obtenir le résultat demandé, c'est-à-dire pour avoir, à volonté, le point occupé par chacune des huit planètes principales dans son orbite, à une époque désignée quelconque? Naturellement, il nous suffira d'avoir recours au moyen

TABLEAU ASTRONOMIQUE

NOTA

Moyen mouvement en degrés et parties de degré, de chaque planète dans son orbite, pendant une année terrestre.

M. . . .	1494°,7529
V. . . .	585°,1882
T. . . .	360°,0000
Mrs. . .	191°,4066
J. . . .	30°,3499
S. . . .	13°,2205
U. . . .	4°,2737
N. . . .	2°,1879

P. S. — 1,494°,7529 = 4 révolutions de la planète Mercure + 54°,7529. 585°,1882 = 1 révolution de Vénus + 225°,1882.

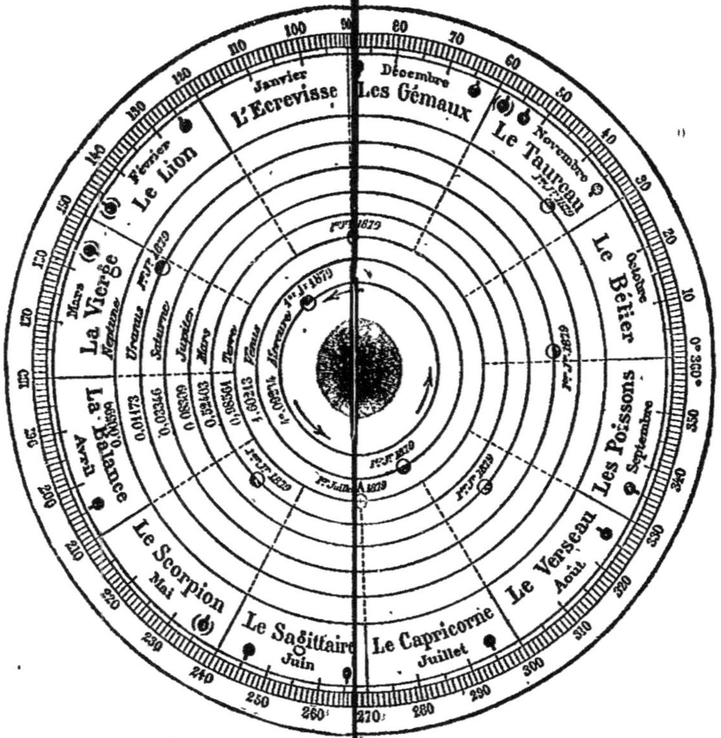

L'Ecrevisse Janvier — Les Gémaux Décembre — Le Taureau Novembre — Le Bélier Octobre — Les Poissons Septembre — Le Verseau Août — Le Capricorne Juillet — Le Sagittaire Juin — Le Scorpion Mai — La Balance Avril — La Vierge Mars — Le Lion Février

Neptune 0,00699 — Uranus 0,01173 — Saturne 0,03346 — Jupiter 0,08309 — Mars 0,52403 — Terre 0,98561 — Vénus 1,60213 — Mercure 4°,09214

Ce tableau astronomique donne la position *relative*, au 1er janvier 1879, des planètes principales de notre système solaire, y compris la Terre, dans leurs orbites; ce qui permet de calculer leurs positions *relatives* à toute époque quelconque, etc.

NOTA

Quantité de degrés dont il faut avancer chaque planète dans son orbite, pour avoir leurs positions respectives, au 1er janvier 1882.	Valeur en lieues de 4 kilomètres, d'un degré de chacun des orbites, abstraction faite des décimales.
M. 164°,3	257,993
V. 315°,6	481,986
T. —	666,647
M. 274°,2	1,015,971
J. 91°,0	3,468,567
S. 39°,6	6,359,151
U. 12°,8	12,786,299
N. 6°,5	20,026,091

P. S. — Pour tout ce qui concerne les principaux éléments des planètes principales, y compris ceux de leurs satellites, consulter les tableaux des pages 68 à 70 de ce Poëme.

mouvement diurne de chacune des planètes principales dans son orbite, autrement dit le chemin en degrés et parties de degré parcouru dans un jour de 24 heures, par chaque planète dans son orbite; comme cela est désigné dans le tableau lui-même. En effet, supposons qu'on demande la position relative des huit planètes principales de notre système solaire dans leurs orbites, *cinq cents jours* après le 1er janvier 1879. Alors, il nous faudra multiplier chaque valeur désignée par le nombre 500, et chacun des produits obtenus désignera le nombre de degrés et parties de degré, dont il faudra avancer chaque planète dans son orbite, pour avoir leurs positions relatives dans leurs orbites, à l'époque désignée. Cela nous donnera pour Mercure 4°,09234 × 500 = 2,046°,170, nombre comprenant 5 révolutions entières de la planète, plus 246°,17; lequel nombre représente le nombre de degrés et parties de degré, dont il faut avancer Mercure dans son orbite, pour avoir sa position relative 500 jours après le 1er janvier 1879. — Pour Neptune, nous aurons : 0°,00599 × 500 = 2°,995 ou 3°, à très peu près; nombre de degrés et parties de degré, dont il faudra avancer la planète Neptune dans son orbite, pour avoir sa position relative 500 jours après le 1er janvier 1879. Ainsi de suite, pour les autres planètes principales de notre système solaire.

Le très sérieux avantage qui ressort de cette *première utilité* est le suivant : c'est que toute personne qui possédera une lunette astronomique, pourra, à sa volonté, s'assurer du moment le plus convenable pour pouvoir avantageusement examiner l'une quelconque des *sept* planètes principales de notre système solaire, etc.

La *deuxième utilité* que nous offre cette figure, est la suivante : c'est que si nous voulons nous rendre compte de la position du Soleil et des planètes principales dans le ciel par rapport à nous, à toute heure du jour ou de la nuit, rien ne nous est plus facile. En effet, pour cela, supposons-nous placé sur l'un des points du méridien désignant le milieu du jour pour la contrée où nous sommes, et de plus ayant, en même temps, la figure tournée du côté du Soleil. Dans cette position, représentant l'heure de midi, l'on comprend qu'il est facile de nous rendre compte de la position des planètes principales dans le ciel, par rapport à nous. Puis, ensuite, si nous faisons, de droite à gauche, un tour entier sur nous-même, tout en faisant trois poses également espacées, c'est-à-dire la première comprenant un quart de tour; la deuxième, un demi-tour; la troisième, trois quarts de tour; il nous sera également facile de nous rendre compte de la position des planètes principales dans le ciel, y compris le Soleil, à chacune de ces trois poses désignant 6 heures du soir, minuit et 6 heures du matin, etc.

Sa *troisième utilité* consiste en ce qu'elle nous fait connaître le chemin *moyen*, en degrés et parties de degré, parcouru par chacune des planètes principales dans son orbite.

Pour ce qui est de sa *quatrième utilité*, elle a pour but de nous faire connaître le passage du Soleil dans chacun des 12 signes du Zodiaque, dans le cours d'une année, par rapport à la terre, et réciproquement le passage de la terre dans les mêmes signes, par rapport au Soleil. En outre de cela, elle nous fait également connaître le nombre des étoiles de *première grandeur* qui se trouvent comprises dans les 30 degrés de chacun de ces signes. Ici, nous ferons remarquer que : ♁ désigne une étoile de première grandeur se trouvant dans l'hémisphère boréal, en dehors du signe; ♀ une étoile *dito*, *dito* austral, se trouvant également en dehors du signe; (♁) une étoile de première grandeur se trouvant comprise dans le signe, qui lui-même se trouve dans l'hémisphère boréal, et (♀) s'il se trouve dans l'hémisphère austral, Les étoiles susdésignées sont les suivantes :

Dans le signe du Taureau : Rigel d'Orion, *a* de la Chèvre, Aldébaran plus les pléiades dans le signe lui-même. *Dans celui des Gémeaux :* Procyon du Petit-Chien et Sirius du Grand-Chien. *Celui du Lion :* Régulus et *a* de la Grande-Ourse. *Celui de la Vierge : a* de l'Épi. *Celui de la Balance :* Arcturus du Bouvier. *Celui du Scorpion :* Antarès. *Celui du Sagittaire :* Altaïr de l'Aigle et Wéga de la Lyre. *Celui du Capricorne : a* du Cygne. *Celui du Verseau :* Fromalhaut. Enfin, dans le dernier, *Celui des Poissons : a* d'Andromède.

Cinquième utilité. Cette cinquième utilité se prouve de la manière suivante : c'est que si de l'un des points de la surface de la terre, points désignant minuit, nous menons une ligne droite horizontale indéfinie et tangente à la terre, tous les signes, y compris les autres constellations, qui se trouveront au-dessus de cette ligne droite, seront au-dessus de l'horizon visible dudit point, et, de plus, seront tous *visibles* par un temps clair, si le point choisi désigne une heure quelconque de la nuit, et *vice versâ*, s'il désigne une heure quelconque du jour, etc.

NOTA. — En outre de l'utilité *multiple* de la présente figure, qui est celle de notre *tableau astronomique*, nous ferons remarquer qu'elle a l'immense avantage de pouvoir servir presque *indéfiniment*, du moment qu'il n'y a que le mouvement *rétrograde* des périhélie et aphélie du globe terrestre, dans son orbite, qui puisse la rendre défectueuse; lequel mouvement est *excessivement lent*, puisqu'il n'est que d'*un* degré tous les 72 ans, ainsi que nous en avons fait mention dans le nº 24 du présent écrit, se rapportant à la *précession des équinoxes*. Mais, du moment que chaque degré des 12 signes est mis en arrière tous les 72 ans, il en résulte que, tous les 2,160 années, chacun des signes en question subit la même conséquence. Or si, comme il est de fait, le point équinoxial du printemps fut juste au 1er degré du *Bélier* l'an 388 avant Jésus-Christ, c'est-à-dire si, à cette époque, le Soleil avait parcouru et mis en arrière tout ce signe, pour entrer dans les *Poissons*, qu'il a quittés actuellement, cette année 1879, pour rentrer dans le signe du *Verseau*, nous aurons : les 388 années susdésignées ajoutées aux 1,879 années de notre époque actuelle, qui égalent 2,267 années, c'est-à-dire les 2,160 années désignées ci-dessus, plus 107 années comprenant 72 années, plus 35 années, et, par conséquent, représentant 1° 29' environ du mouvement rétrograde. C'est donc au 28e degré et 31' du *Verseau* que correspond l'équinoxe du printemps, cette année 1879. D'après cela, ce serait donc au 28e degré et 31' du *Verseau*, que devrait correspondre l'équinoxe du printemps, autrement dit zéro degré ou 360 degrés. Dans ce cas, nous aurions dû mettre, dans notre tableau astronomique, le signe du *Verseau* en place du signe des *Poissons;* ce dernier en place du *Belier;* le *Belier* en place du *Taureau;* etc., etc. C'est une erreur que nos bien-aimés Lecteurs pourront facilement réparer, en attendant que nous la réparions nous-même. — Quant à une autre transposition semblable, elle ne pourra s'exécuter que dans 2,160 années environ; cette transformation ne pouvant se faire que par signe entier, dans le but de faciliter les calculs astronomiques...

RÉFLEXIONS SCIENTIFIQUES

SUR LA PRODUCTION DE LA LUMIÈRE ET DE LA CHALEUR SUR UN MONDE TERRESTRE QUELCONQUE ET LE NÔTRE EN PARTICULIER

CHERS LECTEURS,

Les réflexions scientifiques qui font le sujet de cet article, sont une véritable *innovation* que nous avons émise sur la *production de la lumière et de la chaleur* sur un monde terrestre ; *production* inconnue de nos savants jusqu'à ce jour (1). Cependant, comme vous pourrez l'apprécier par vous-mêmes, vous serez grandement surpris que notre manière de voir, à ce sujet, n'ait pas été reconnue plus tôt ; tellement elle est *rationnelle* et absolument conforme au plus simple *bon sens;* au

---

(1) Comme preuve de ce que nous avançons, il nous suffira de citer le passage suivant, extrait des *Contemplations scientifiques* de M CAMILLE FLAMMARION, page 270 :

« En effet, jusqu'a present, les physiciens les plus accrédités et les savants les plus estimés de toutes les Académies du globe n'ont encore pu s'entendre pour décider en quoi consiste l'agent qui nous fait voir. Leurs meilleures définitions ressemblent a celles dont parlait VOLTAIRE a propos de la grâce, lorsqu'il disait que, de toutes les explications publiées par les théologiens, la meilleure était celle du jesuite BOUHOURS, qui pensait que c'est un « je ne sais quoi ».

point même, d'être absolument indiscutable, du moins d'une manière rationnelle. En effet, elle *seule* peut donner l'explication de cette grande et sublime vérité, qu'il serait véritablement *ridicule* de vouloir discuter : « C'est que la *chaleur* et la *lumière* éprouvées sur un monde terrestre, ne dépendent nullement de son plus ou moins grand éloignement de l'astre radieux, *régénérateur* du système solaire ou tourbillon dont il fait partie. » D'après cela, nous devons rationnellement admettre que chacun des mondes planétaires de notre système solaire peut posséder, quelle que soit sa distance de notre Soleil, une végétation et une température, soit inférieures à *celles* du globe terrestre (comme cela peut arriver pour Mercure et Vénus), soit plus ou moins supérieures à *celles* de notre dit globe terrestre, comme cela doit probablement exister pour Jupiter, Saturne, Uranus et Neptune, et peut-être même pour Mars, qui se trouve avoir deux lunes ou satellites; tandis que notre Terre n'en a qu'une.

Maintenant, chers Lecteurs, pour vous donner une preuve absolument convaincante de l'extrême rationalité et indiscutable réalité de notre manière de voir (qui, nous le répétons, est une véritable *innovation*), il nous suffira de vous faire observer que sous l'équateur, les neiges perpétuelles existent à 4.800 mètres de hauteur; nous devons donc forcément admettre la conclusion suivante : c'est que les rayons solaires (pour l'Être humain, s'entend, et pour mieux dire, pour tous les êtres vivants de notre globe terrestre), n'ont aucune *chaleur* en dehors de notre atmosphère, et qu'ils sont, au contraire, d'autant plus chauds qu'on se rapproche davantage de la surface de notre globe terrestre. D'après cela, le plus simple *bon sens* ne nous fait-il pas comprendre, que c'est la combinaison de ces mêmes rayons solaires avec les molécules de notre atmosphère, qui, pour nous, produit la chaleur, et que ladite chaleur doit être d'autant plus faible qu'on s'élève davantage dans l'espace, et *vice versâ;* ce qui est dû à la plus ou moins grande densité des différentes couches atmosphériques; laquelle densité diminue graduellement à mesure qu'on s'élève dans ledit espace.

Pour la *lumière*, le raisonnement est absolument le même et aboutit à la même conclusion, c'est-à-dire que la lumière est d'autant plus éblouissante, que la combinaison des rayons solaires avec les molécules de notre atmosphère se produit près de la surface terrestre et *vice versâ*. De tout ce que nous venons de dire, nous devons naturellement tirer l'importante conclusion suivante : c'est que l'intensité calorifique et lumineuse des rayons solaires, sur un globe terrestre, ne dépend pas, comme cela en a été de tout temps la ridicule croyance, du plus ou moins grand éloignement de ce globe de l'astre radieux, mais bien de la composition de l'atmosphère dudit globe. D'où la conclusion toute naturelle : que la planète la plus éloignée de l'astre radieux qui nous éclaire et réchauffe en même temps, peut parfaitement bien jouir, à sa surface, d'une intensité lumineuse et calorifique de beaucoup *supérieure* à celle qu'éprouve la planète la plus rapprochée dudit astre radieux. En effet, du moment que nous savons que l'atmosphère de notre globe terrestre, à son état de plus grande pureté, est composée de 21 parties d'oxygène et, à très peu près, de 79 parties d'azote (le premier de ces deux fluides représentant le principe vital par excellence; tandis que le second, au contraire, est absolument antivital), nous pouvons donc supposer, *avec juste raison*, que la planète Neptune (celle qui est la plus éloignée de notre Soleil, d'après nos connaissances actuelles) doit probablement posséder une atmosphère beaucoup plus oxygénée que la nôtre : d'où la conclusion naturelle : que l'intensité lumineuse et calorifique que cette planète éprouve peut être supérieure à *celle* que nous éprouvons sur notre globe terrestre, voire même à *celle* de Mercure, qui est la planète la plus rapprochée dudit Soleil.

Ce que nous venons de dire a d'autant plus sa raison d'être, que cela fait parfaitement comprendre, que les globes terrestres les plus importants de notre système solaire (tel est Jupiter, possédant *quatre* lunes et ayant un diamètre de plus de onze fois supérieur à celui de la terre, dont il égale *quatorze cents* fois la grosseur; tel est encore Saturne, avec son immense anneau et ses *huit* lunes; etc., etc.) doivent évidemment posséder une température et une lumière infiniment supérieures à *celles* que nous éprouvons sur notre petit globe terrestre. Le plus simple *bon sens*, du moins, doit nous le faire comprendre ainsi. Au surplus, l'immense espace dépendant de notre tourbillon, qui se trouve exister au delà de Neptune (1), et puis, ensuite, la proportion excessivement infime qu'offre le *volume total* de tous les corps célestes de notre dit tourbillon par rapport au *volume* de notre Soleil (ce rapport est comme 1 est à 1,400 et même davantage), suffisent grandement pour nous faire admettre qu'un plus grand nombre de planètes dépendant de notre système solaire, doit probablement exister au delà de la planète Neptune susdésignée.

Cette très rationnelle probabilité admise, une dernière fois pour toutes, nous le demandons franchement à tous nos Lecteurs, quels qu'ils soient : l'extrême importance de la définition que nous donnons de la *production* de la lumière et de la chaleur, peut-elle un seul instant être mise en doute, et ne serait-ce pas vouloir se mettre en contradiction avec le plus simple *bon sens* que de la rejeter? D'autant mieux que l'extrême importance des conséquences qui en découlent, nous oblige forcément à l'accepter. En effet, avec elle, ce n'est plus la distance d'une planète à son soleil qui règle l'*action régénératrice* qu'elle en reçoit; c'est la composition même de son atmosphère, qui peut être plus ou moins *oxygénée* et peut, par conséquent, posséder les propriétés voulues pour se trouver en rapport de *pureté* et de *valeur* avec l'une des planètes quelconques, quels que soit son impor-

(1) Cet *espace* est tellement immense, en effet, qu'il est officiellement reconnu par tous les astronomes un peu en renom, comme étant égal à *huit mille fois* la distance de la planète Neptune au Soleil. Comme l'on voit, pour l'etablissement de *nouvelles planètes*, la moitié de cette distance offre encore un espace considérable, et qui probablement ne doit pas être complètement vide.

tance et son éloignement de l'astre radieux. Cette manière de voir (nous le répétons une dernière fois), nous paraît tellement rationnelle et conforme au plus simple *bon sens*, que nous sommes intimement convaincu que la très grande majorité de nos Lecteurs sera de notre *avis*.

Maintenant que nous avons donné l'explication, indiscutable à force de rationalité, de la manière dont doit se produire la *lumière* et la *chaleur* sur un globe terrestre, nous allons tâcher de faire comprendre que c'est à ces deux genres de fluides, que nous devons les mouvements de *rotation* et de *révolution* des planètes principales de notre système solaire, y compris naturellement notre terre. Ces deux fluides seraient donc les principaux moteurs matériels du *mouvement universel;* ce qui existe en effet, ainsi que le prouve la figure de la page suivante, qui est exactement la même que *celle* que M. P. Trémaux a mise dans son très important ouvrage, dont le titre se trouve désigné dans ladite figure; laquelle figure est réellement tout à fait importante, à cause des *nombreux* et *précieux* renseignements qu'elle donne, et, surtout, à cause du but où elle tend, consistant à *unifier* la cause motrice du *mouvement universel*. Plus tard, nous ferons connaître notre opinion à cet égard. Pour le moment, nous ferons remarquer que le Soleil ayant un mouvement de rotation sur lui-même, nous devons supposer que probablement l'influence de tous les rayons qu'il renvoie sur notre globe terrestre, ne doit pas être la même pour tous. En effet, les rayons qui

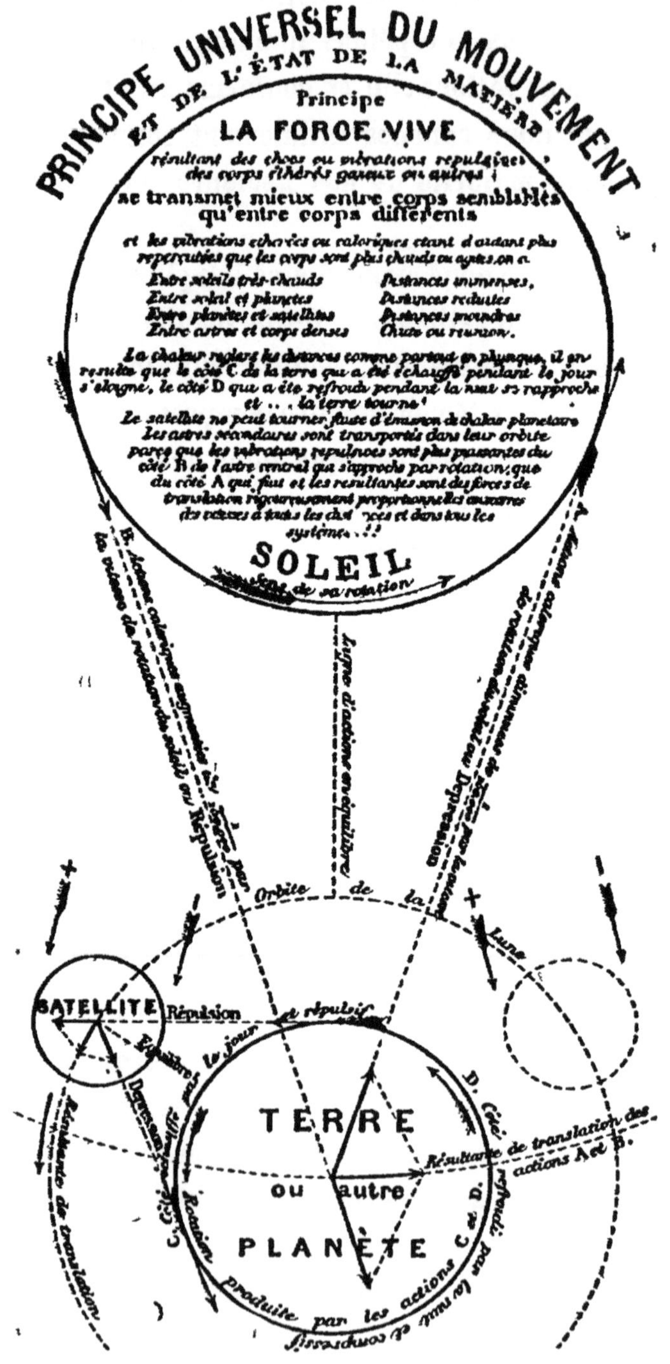
PRINCIPE UNIVERSEL DU MOUVEMENT
ET DE L'ÉTAT DE LA MATIÈRE
Principe
LA FORCE VIVE
se transmet mieux entre corps semblables
qu'entre corps différents
Entre soleils très-chauds
Distances immenses,
Entre soleil et planètes
Distances réduites
Entre astres et corps denses
Chute ou réunion.
et ... la terre tourne!
SOLEIL
sens de sa rotation
Ligne d'action en équilibre
Orbite de la Lune
SATELLITE
Répulsion
TERRE
ou autre
PLANÈTE
D. Côté
C. Côté
Résultante de translation des actions A et B.
Résultante de translation
Rotation produite par les actions C et D.

nous viennent du côté qui se rapproche de nous, doivent avoir une plus grande influence calorifique et lumineuse, et, par suite, une action supérieure à celle des rayons du côté opposé qui, contrairement aux premiers, s'éloignent de nous. D'après cela, on peut dire que les premiers sont essentiellemment *répulsifs* et les seconds *dépressifs;* dénominations que leur donne, dans sa figure astronomique, M. P. Trémaux (1), et que nous leur donnons

(1) Le seul reproche que nous puissions adresser à l'auteur sur son importante figure, est le suivant : c'est de faire croire que la lumière terrestre, par rapport à sa satellite, jouit des mêmes avantages que les rayons solaires par rapport aux planètes principales; ce qui est une erreur des plus graves, du moment que la lumière par réflexion des corps planétaires, ne produit absolument aucune chaleur; d'où résulte la non-rotation des lunes sur elles-mêmes, par rapport a la planète principale autour de laquelle elles tournent.

Sans aucun doute, l'auteur, ne sachant comment résoudre le mouvement de révolution des lunes autour de leur planète principale, sans nuire énormément à la base du principe fondamental, sur lequel il s'appuie dans son ouvrage, lequel principe a pour but *d'unifier la cause motrice du mouvement universel dans l'espace* (nous le disons ici, entre parenthèses et avec une entière franchise : ce but nous paraît de la part de l'auteur susdésigné, excessivement louable et sublime, et tout a fait en rapport avec la *toute-puissance* de DIEU, dont les Lois divines sont surtout remarquables par la sublimité de leur simplicité), l'auteur, disons-nous, pressentant le danger qu'il y avait à vouloir expliquer le mouvement révolutionnaire des satellites autour de leur planète, a cru prudent de ne s'en occuper que le moins possible dans son écrit, tout en le désignant d'une manière défectueuse dans sa figure. Cependant, il lui aurait été facile de surmonter une semblable difficulté, à l'aide de l'explication suivante; laquelle explication nous paraît assez rationnelle et tout à fait d'accord avec l'admirable but qu'il s'est proposé, et sur lequel nous avons donné notre opinion. Cette explication est celle-ci : du moment, ainsi que nous l'avons déjà dit, que l'action calorifique et lumineuse d'une planète principale sur sa satellite (ou ses satellites, si elle en a plusieurs) est reconnue absolument nulle, ainsi que le prouve sa non-rotation sur elle-même par rapport à ladite planète principale, forcément elle doit recevoir son double mouvement de révolution, l'un autour du Soleil, l'autre autour de la planète en question, de l'action même des rayons solaires. Ces rayons comme pour la Terre, doivent forcément l'obliger a tourner sur elle-même par rapport au Soleil (mouvement qu'elle accomplit dans un temps exacte-

nous-même dans notre figure, qui est, nous le répétons, entièrement conforme à celle de l'auteur susdésigné.

Maintenant, nous savons, par expérience, que deux électricités semblables se repoussent et *vice versâ*. Admettant que la lumière et la chaleur ne sont pas autre chose qu'une espèce d'électricité, naturellement nous devons en tirer la conclusion suivante : c'est que les rayons solaires repoussent la partie la plus réchauffée de la surface du globe terrestre ; tandis qu'ils attirent, au contraire, la partie de sa surface la plus refroidie et alors le globe terrestre tourne sur lui-même (1). Pour ce qui est de sa révolution autour du Soleil, naturellement nous devons supposer qu'elle doit être la *résul-*

---

ment egal à celui qu'elle emploie a faire sa révolution autour de la planète principale), et ensuite a tourner autour du Soleil lui-même pendant une année planetaire. Puis, encore, l'action de ces mêmes rayons doit egalement l'obliger à s'eloigner et a se rapprocher graduellement de lui, tout le temps qu'elle emploie à faire sa revolution autour de la planète, laquelle révolution serait due a ce double mouvement lunaire de rapprochement et d'eloignement de l'astre radieux; les deux forces *centrifuge* et *centripète*, ou forces *répulsive* et *attractive* dont nous avons parle, page 67 de ce Poème astronomique, la retenant forcement dans son orbite.

(1) Cette rotation des planètes est materiellement prouvee par le *radioscope*, de M. Crooks, petit instrument fort ingenieux, se composant d'une boule en verre, au bout d'une tige egalement en verre. Dans cette boule, le celèbre experimentateur a fait le vide et introduit un essieu en verre, autour duquel sont saisis *quatre volants* en metal très minces, noircis d'un côté et blancs de l'autre. Dans l'obscurité complète, ces volants restent en repos; exposés à la lumière, de même qu'a la chaleur, ils prennent un mouvement d'autant plus rapide que la chaleur et la lumière sont plus intenses, et *vice-versâ*; ce qui occasionne la plus ou moins rapide rotation de leur axe sur lui-même. Maintenant, chers Lecteurs, dans le *premier* de nos quatre tableaux synoptiques (page 68), *voyez le temps que chaque planète principale de notre système solaire met pour accomplir sa rotation sur elle-même, et dites-nous, ensuite, si consciencieusement notre* INNOVATION *a réellement sa raison d'être ?..*

tante des ces deux différentes actions des rayons solaires.

Maintenant, pour avoir l'explication du *pourquoi*, la terre se trouve plus rapprochée du Soleil l'hiver que l'été, naturellement cela nous est facile. C'est parce que le plus grand rapprochement se produit lorsque le Soleil parcourt le *tropique austral*, borne extrême de la zone tempérée sud ; laquelle zone possède une surface plutôt océanique que continentale, autrement dit dont la surface liquide l'emporte de beaucoup sur la surface solide, et que nous savons encore que la première (la surface liquide), conserve moins longtemps sa chaleur que la seconde et, en même temps, est plus longtemps à s'échauffer. De là, la conclusion toute naturelle qu'elle doit forcément se trouver plus rapprochée du Soleil, tout le temps que ce dernier se trouve sur la zone tempérée australe; tout le contraire devant exister tout le temps qu'il se trouve au-dessus de la zone tempérée boréale, qui, à l'opposé de la zone tempérée australe, a sa surface plutôt *continentale* qu'*océanique*; ainsi qu'il est facile de s'en convaincre pour peu qu'on examine une mappemonde, etc. Telles sont, chers Lecteurs, les explications que nous avons cru devoir vous donner sur la *composition* de l'agent qui nous fait voir et réchauffe en même temps, et, de plus encore, sur les *conséquences importantes* qui résultent de notre manière de voir toute personnelle. A vous, maintenant, de *voir*, d'*examiner* et de *juger* d'après votre conscience, si elle a réellement la valeur que nous lui attribuons...

Puisqu'il est, ici, question d'innovation, chers Lecteurs, nous allons vous en citer une autre tout aussi rationnelle, se rapportant à l'ancienne division de l'année en quatre saisons. Certainement, cette division de l'année en quatre saisons vraiment différentes, a complètement sa raison d'être; seulement elle pèche dans ce sens, que le point de départ que l'on donne à chacune est vraiment défectueux, du moment qu'il ne se trouve aucunement d'accord avec la véritable température que chacune d'elles éprouve à cette dite époque. Ce point de départ, d'après notre humble manière de voir, devrait être avancé d'un mois et demi pour chacune des quatre saisons en question. Alors, cette division serait tout à fait rationnelle et absolument sensée, tant sous le rapport de la température attribuée à chacune, qu'à la longueur de leurs jours. En effet, chaque saison, dans ce cas, désignerait réellement la véritable température qu'on lui attribue, et chacune d'elles aurait les jours qui lui conviennent réellement. De plus, encore, on aurait le précieux avantage suivant : c'est que le point de départ du printemps (qui est censé désigner le commencement de la végétation terrestre) désignerait réellement le commencement de cette dite végétation; ce qui nous paraît assez rationnel. Qu'en pensez-vous vous-mêmes, amis Lecteurs?...

Les deux tableaux que nous donnons dans la page suivante, désignent la *nouvelle* division des quatre saisons, qu'il serait vraiment rationnel d'adopter, d'après nous; puis, ensuite l'ancienne division (1) adoptée par nos chers ancêtres, que trop souvent, hélas! nous acceptons pour nos seuls guides. Cependant le progrès marche toujours, et ce qui paraissait rationnel au temps jadis, peut fort bien aujourd'hui paraître tout à fait l'opposé. Exemples : Nos ancêtres prétendaient que la terre était le point central de l'univers. Aujourd'hui, le plus ignorant d'entre nous, sait qu'une croyance semblable est une pure absurdité. — Ils croyaient, encore, que la surface du globe solaire, qui nous éclaire et réchauffe en même temps, égalait à peine la superficie du Péloponèse. Aujourd'hui, nous savons que, son centre se trouvant confondu avec le centre de notre globe terrestre, sa surface dépasserait notre Lune de 90,000 lieues environ, etc., etc.

Les deux divisions sus désignées, sont celles-ci, en commençant par la plus ancienne :

DIVISION ANCIENNE

Printemps. —	Été. —	Automne. —	Hiver.
20 Mars. —	21 Juin. —	22 Septembre. —	21 Décembre.

DIVISION NOUVELLE

Printemps. —	Été. —	Automne. —	Hiver.
5 Février. —	6 Mai. —	7 Août. —	6 Novembre.

(1) Sans aucun doute, cette ancienne division a pu avoir, jusqu'à un certain point, sa raison d'être jusqu'à ce jour, à cause des quatre époques remarquables de l'année auxquelles on fait commencer les saisons, autrement dit les deux équinoxes et les deux solstices; époques qui, en réalité, désignent la température moyenne du printemps et de l'automne et puis ensuite le maximum de température de l'été et de l'hiver, ce qui [illegible]ablement rationnel.

Un semblable changement est-il susceptible d'offrir de graves inconvénients? A cette question, nous répondrons : non, en aucune manière, car cette nouvelle division des saisons, infiniment plus rationnelle que l'ancienne (nous le répétons), ne peut occasionner aucune difficulté, du moment que cela ne changerait absolument rien à l'époque du commencent de l'année; époque qui peut rester la même pendant de nombreuses années, mais qu'on est, cependant, forcé de modifier de temps en temps (voir ce que nous disons à cet égard, page 81 du présent Poème, et mieux encore, pages 109 et 110 de nos *Notions d'astronomie*); puis, ensuite, les jours, les fêtes mobiles ou non mobiles et les mois ne subiraient, malgré cela, absolument aucun changement. Cela, au contraire, chers Lecteurs, ne pourrait offrir qu'un très grand avantage et en voici la raison : c'est parce que le 21 mars tomberait au milieu du printemps; le 21 juin, au milieu de l'été; le 21 septembre, au milieu de l'automne; et enfin le 21 décembre, au milieu de l'hiver. Alors le printemps et l'automne désigneraient les jours *moyens* de l'année; l'été, les plus longs jours et l'hiver les plus courts; de plus, encore, le Printemps commencerait avec la végétation terrestre, l'Automne avec le commencement de la chute des feuilles, l'Été avec les chaleurs, et l'Hiver enfin, avec les premiers froids. Tout cela, nous paraît passablement rationnel. Avis donc à tous les savants et tous les hommes influents de notre époque actuelle et des temps futurs.

AUGUSTIN BABIN.

ERRATA

P. XVIII, *ligne première du renvoi :* devait; *lisez :* devrait.

GUIDE DE LA SAGESSE

P. 6, *lig.* 21 : le lac; *lisez :* le grand lac.
P. 94, *lig.* 21 : la vie intérieure; *lisez :* la vie extérieure.
P. 134, *lig.* 12 : il a; *lisez :* elle a.

POÈME PSYCHOLOGIQUE

P. 23, *vers* 16me : jouirons alors d'un; *lisez :* éprouverons un.
P. 37, *lig.* 10 : il devient; *lisez :* c'est un.
P. 51, *vers* 13me, *lisez :*
Que de nous affliger de leur départ heureux ;
Ce qui, certainement, est un bonheur pour eux.
P. 54, *lig.* 4 : devait; *lisez :* devrait.
P. 56, *vers* 5 *et* 6, *lisez :*
Des besoins factices dans toutes ses actions,
A des jouissances ici-bas inconnues.
P. 57, *vers* 6me : quelle que; *lisez :* quelque.
Dito, vers 13 *et* 14, *lisez :*
La question est grave et nous intéresse tous,
Puis doit, également, nous préoccuper tous.
P. 58, *vers* 9me, *lisez :*
Au surplus, nous devons, avec toute raison,
Admettre forcément cette juste opinion :

POÈME ASTRONOMIQUE

P. 16, *lig.* 7me : Doctrine consolante; *lisez :* consolante Doctrine.

23..

P. 38, *vers 4me*, *remplacé par :*
Lequel vient après la figure quatorzième.

P. 48, *vers 3me* : australe; *lisez :* astrale.

P. 73, *vers 14me* : naurellement; *lisez :* naturellement.

P. 74, *vers 3me* : L'un et l'autre commun; *lisez :* Tous les deux sont communs.

P. 93, *vers 10me* : autrement parait; *lisez :* autrement dit parait.

P. 96, *vers 15 à 17*, *remplacés par :*

Dont quelques-unes sont tout à fait immobiles,
Lesquelles ont prouvé qu'il tourne sur lui-même;
Tandis que d'autres sont absolument mobiles (2).
De plus, encore, il a sur sa surface même
(Ce qui se voit d'une manière perpétuelle).

P. 106, *vers avant-dernier :* d'autres toujours existent; *lisez :* beaucoup plus se rajoutent.

P. 123, *ligne 15me du nota :* aujoutées; *lisez :* ajoutées.

P. 123 *dito*, *ligne* 27; 2,160; *lisez* : 2,053.

TABLE GÉNÉRALE DES MATIÈRES

DE CETTE

TRILOGIE MORALE

PREMIÈRE PARTIE

GUIDE DE LA SAGESSE

PREMIÈRE PARTIE

DEUXIÈME PARTIE

TROISIÈME PARTIE

(Ornement de la mémoire.)

(PARTIE POÉTIQUE)

(PARTIE PROSAÏQUE)

DEUXIÈME PARTIE

POÈME PSYCHOLOGIQUE

LIVRE PREMIER

LIVRE DEUXIÈME

LIVRE TROISIÈME

(LOIS MORALES)

LIVRE QUATRIÈME

PEINES ET JOUISSANCES TERRESTRES

PEINES ET JOUISSANCES FUTURES

TROISIÈME PARTIE

POÈME ASTRONOMIQUE

NOTIONS D'ASTRONOMIE

FIN DE LA TABLE GÉNÉRALE DES MATIÈRES

NOMENCLATURE
DES VOLUMES DE L'AUTEUR
VENDUS A LA
LIBRAIRIE DES SCIENCES PSYCHOLOGIQUES
5, rue Neuve-des-Petits-Champs, à Paris.

Guide du Bonheur. 1 vol. in-18 (jésus). Prix broché : 1 fr. 50 cent., port en sus, et 2 fr. 30 cent. relié; *franco*, 30 cent. en plus pour chacun des deux prix.

Philosophie spirite. 1 vol. in-18 (jésus). Prix broché : 1 fr. 80 cent., port en sus, et 2 fr. 65 cent., relié; *franco*, 35 cent. en plus pour chacun des deux prix.

Notions d'astronomie scientifique, psychologique et morale. Mêmes prix que le précédent.

Catéchisme universel. 1 vol. in-32. Mêmes prix que le *Guide du Bonheur.*

Encyclopédie morale. 1 vol. in-32. Mêmes prix que la *Philosophie spirite.*

Collection générale *des écrits de l'auteur.* 1 très fort volume de plus de 1,300 pages. Prix, relié avec luxe, 8 fr. 50 cent., port en sus, et 10 fr. *franco.*

OUVRAGES NOUVEAUX
DU MÊME AUTEUR

Notice biographique. Br. de 36 pag. Prix : 15 cent.

Le Guide de la sagesse. 1 vol. in-18 (jésus). Prix broché : 1 fr., port en sus.

Poème psychologique, de 1,276 vers, plus la biographie d'ALLAN KARDEC. Prix broché : 50 c., port en sus.

Poème astronomique, comprenant 2,060 vers, avec figures astronomiques, etc. Prix broché : 1 fr., port en sus.

Trilogie morale. 1 fort volume, comprenant les trois volumes précédents, plus un Avertissement et un Avant-propos. Prix broché : 2 fr. 25 cent., port en sus.

Paris. — Charles Unsinger, imprimeur, 83, rue du Bac.

www.ingramcontent.com/pod-product-compliance
Ingram Content Group UK Ltd.
Pitfield, Milton Keynes, MK11 3LW, UK
UKHW012226240726
13966UKWH00003B/979

9 782012 824645